# 崇拜京都

秒懂！千年古都背後的神祇文化、歷史與民俗行事

三線——著

目錄

## 二 第2章　祈願掛號求診科別與主治大夫

番外篇

## 第3章　五花八門的祈願診療法

番外篇 另類祈願法



第4章 食食人間煙火

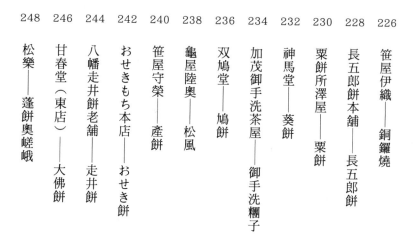

# 前言

我的朋友們大都知道我對京都稍有涉獵，出國前總會來詢問我「必去、必吃、必看」的地方，我常語帶輕蔑的回答：「沒有所謂的必去、必吃、必看，但我私心推薦的地方總是不會錯的！」接著像個軍師般指著地圖一一說明我的推薦景點，然後等著他們回國時帶著土產來向我說聲謝謝即可。我貪圖的並不是土產（好吧是有一點），而是當我仰著下巴問道：「如何我推薦的不錯吧？」看到他們神色滿意的虛榮心而已。

言歸正傳，經常看到有人問：「京都除了櫻花和楓葉外還能看什麼？」我說在京都櫻花和楓葉只能算是配角，他們只是為了襯托神社寺院而存在，如果沒有了神社寺院，這些花花草草與日本其他地方無異，甚至遜色了。於是又有人說，京都只有一堆寺廟沒什麼可看的，我說你能想像沒有神社寺院的京都嗎？他們是京都的靈魂，如果沒有這些神社寺院，京都就不京都了。所以如果你不懂神社寺院、不懂歷史文化背景、不懂祭典原由、不懂京都人為什麼這麼傲嬌（？），那麼其實你不算了解京都，你只是去「看」京都而已。

當然純觀光其實不需要了解這麼多，但真的可惜了，來到京都這個歷史景點俯拾皆是的地方，如果只是看看風景，就像入寶山空手而回，打個比方來說，大家是喜歡看美女海報還是想認識美女？相信大家都想認識美女，而不會滿足於只看美女海報吧？對，京都就是那位美女，多去認識她不要只是看外表，你會發現她不只美麗還很有趣，而最快了解她的方式就是認識在地的神社寺院、祭典和傳說。

京都並不是日本神社寺院最多的縣市，新潟縣神社最多，愛知縣寺院最多＊1，那麼為什麼觀光客會對京都有著神社寺廟很多的印象？我想除了從平安時期以來，因為要與南都（奈良）舊佛教勢力抗衡，以及歷朝歷代因為各種政治因素信仰而大興土木，使得京都佛寺神社頓時地位上升，這些由大號政治人物興建的信仰中心，當然「知名度」和「豪華度」也就大大提升！對於庶民來說，上層的權力鬥爭與他們無關，但想要平安、健康、金錢、愛情的心人人皆有之，特別京都屢經疫病、戰亂的洗禮，老百姓渴求平安的心絕對不亞於皇家貴族，人多了信仰，神社寺院自然也多了。在京都地區的十七個世界文化遺產中，僅僅只有二条城不是宗教建築，加上媒體的推波助瀾，讓人以為京都什麼都沒有就廟最多，其實還蠻冤枉的。

所以神社寺院才是京都的精隨所在，但如果只是單純介紹這些景點，那就和一般的觀光導覽書差不多了，所以我想利用說故事的方式來介紹京都的神社寺院、神明、神石以及有趣的占卜祈願法，讓大家對京都真正的主角「神社寺院」有不同的看法，不再以為去京都只有賞櫻和賞楓而已。

偏愛京都的人都有一種京神病，「京」當然是指京都，「神」指的就是神社寺院中祭祀的神明們，「病」有兩種意義，一個是對京都的迷戀，另一個是透過向各種神明祈願來治療自已紅塵俗世各方面的「病」，如戀愛病、失業病、貧窮病，乃至真正的身體疾病。希望透過本書的指南，能夠讓讀者到京都不只欣賞美景，還能「拜到病除」！

1 二〇一四年十二月三十一日日本文化廳《宗教統計調查》報告，京都府的寺院數量為全日本第五名，神社數量則連前十名都排不上。

# 第一章

## 你知道你在拜誰嗎？京都熱門神社的神明們

# 八坂神社　素盞鳴尊

古日本勇者鬥惡龍
古惑仔之自己的老婆自己救

如果你問我一生只去一次京都，有什麼是一定要看的？我的答案就是「祇園祭」。

每年七月在京都舉行的日本三大祭之一「祇園祭」，為期長達一個月，其中宵山與山鉾巡行是絕對不可錯過的。這個祭典原本是為了平息瘟疫、鎮撫怨靈而舉行，自然需要強大的神祇才能辦到，威能強大的「素盞鳴尊」自然是不二「神」選*1，而這位神明也是日本神話中的反差萌代表。

身為天照大神的弟弟*2行為卻極為狂亂，到底有多狂呢？像是在神殿便溺違反廢棄物處理法、破壞農耕地違反農地管理法、活剝馬皮違反動物保護法、最後竟然還把馬皮丟到姐姐的辦公室害姐姐受傷*3！逼得自己的姐姐躲到山洞避難，造成世界天昏地暗，堪稱高天原的破壞王，因此祂也被視為暴亂之神。

西樓門

總之，這樣一個小屁孩留在高天原肯定不會有好事，所以天上眾神開會決定把素盞嗚尊放逐到地面上，省得他在高天原繼續惹禍，是說這種以鄰為壑的處理方法不太好吧？

就在素盞嗚尊被放逐到地面上晃悠時，突然聽聞哭泣的聲音，循聲找去發現一對老夫妻和一名少女相擁而泣，上前詢問是怎麼回事？原來這對夫妻是大山祇神的子孫，名叫腳摩乳和手摩乳，本來有八個女兒，一起過著幸福快樂的日子，怎知突然冒出一個名為八岐大蛇的怪物年年來騷擾，一年吃掉一個女兒，如今已經是第八年，兩老只剩下這個小女兒，所以悲從

本殿

中來相擁而泣。素盞鳴尊聽完這番話，氣到拳頭硬硬的決定消滅這個怪物，並且要求老夫婦事後將小女兒嫁給他，老夫婦得知素盞鳴尊是天照大神的弟弟，能消滅怪物保住女兒又能攀龍附鳳，這種一石二鳥的好事當然不能錯過，便一口答應了素盞鳴尊。

之後素盞鳴尊設計用酒讓八岐大蛇飲下，趁其酒醉的時候將牠斬殺，從此王子與公主就過著幸福快樂的日子了。原本胡作非為的古惑仔，變身成為愛家愛妻的柔情鐵漢，素盞鳴尊堪稱浪子回頭金不換的典範，所以說女孩兒們應該多多到八坂神社祈求愛情才是正解喔！

## 關於祇園祭的除厄粽

祇園祭是京都三大祭也是日本三大祭之一，於每年的七月進行。神佛習合*4時期，素盞嗚尊（須佐之男命）與牛頭天王被視為同一個神明，而牛頭天王為鎮壓疫病之神，為安撫與驅離瘟疫因而有了祇園祭的儀式。祇園祭的重點就是宵山以及山鉾巡行，自二〇一四年起，宵山和山鉾巡行分為前後祭進行，這段期間囃子的樂聲充滿各個山鉾町，連京阪電車、阪急電車的車站都聽得到，同一時間來自各地的人紛紛湧入這座城市，即便天氣炎熱人聲鼎沸交通壞滅，但這就是祇園祭，整個京都都為之沸騰。

宵山期間可於各山鉾町購買「除厄粽」（ちまき），這些粽上面都會有個紙條，寫著「蘇民將來之子孫也」，蘇民將來是何許人也？

很久以前，有個武塔神在旅行途中曾向蘇民將來和巨旦將來兄弟求宿，富有的巨旦拒絕了，反倒是貧窮的蘇民給予協助。事後武塔神告訴將來日後將爆發瘟疫，只要將茅草結輪戴在腰間就能避禍，將來一家因此躲過一劫，後來演變成除厄粽上寫著「蘇民將來之子孫也」能除病消災習俗，而那個武塔神即為須佐之男命（素盞嗚尊）。

| | |
|---|---|
| 地址 | 京都市東山区祇園町北側625 |
| 交通 | 京都市巴士「祇園」下車，步行約3分鐘 |
| 開放時間 | 09:00-17:00 |
| 拜觀料 | 無 |
| 網址 | http://www.yasaka-jinja.or.jp/ |
| 周邊景點 | 美御前社、仲源寺、安井金比羅宮 |

1 《日本書紀》為「素盞嗚尊」，《古事記》為「須佐之男命」。

2 《古事記》中為伊邪那岐逃離黃泉國後，於祓禊時從雙眼與鼻子依序誕生的三個神明，天照大神、月讀尊、須佐之男命，又稱「三貴子」。

3 《日本書紀》為天照大神被梭刺傷，《古事記》為織女被梭刺死。

4 神佛習合，又稱神佛混淆，將神道教與佛教的神明「融合」，舉例來說常見的有把天照大神視為大日如來，大國主命視為大黑天。

# 地主神社　大國主命

## 應該是男人的聖地卻被女性占領了

京都最知名的景點「清水寺」境內有個小神社，參道階梯的右上方有個顯眼的紅色粗體「緣」字，顯然是個祈求姻緣的地方，這裡就是以戀占石（見第三章）聞名的「地主神社」。爬上參道階梯，盡頭就會看見一個古早人和一隻兔子的塑像，那位古早人就是地主神社的主祭神「大國主命」，而旁邊的愉快夥伴就是有牽起姻緣功能的「因幡白兔」。

每次來到這裡，總能看到對愛情懷抱種種期待的面孔，有羞澀的、有喜樂的、有焦慮的、有躁動的，也有失望鐵青的（譬如在這抽到大凶籤的我）。有次看到一位女高中生的朋友在旁對她說：「哇！你抽到大吉耶，今天就去跟○○君告白吧！」看那女孩臉上一陣泛紅嬌羞喜孜孜的樣子，我這老頭也只能在心中感嘆青春真好啊。但是我必須說女孩兒來這祈願是不科學的（推眼鏡），至少來這裡求愛情是有問題的，這裡應該是男性祈求愛情的地方，是專業獨身者（月薪嬌妻男主角的說法）、毒男、宅男、好人才該來的地方！因為大國主命其實是個一夫多妻主義者啊！

為什麼地主神社會與求姻緣有關？這就要從大國主命和因幡白兔的邂逅說起，大國主命和他的兄長八十神想去見因幡的美女八上比賣，因為大國主命是弟弟，負責背行李因此走的比較慢。走在前頭的哥哥在氣多海岸＊1看到一隻沒有皮的裸兔，想不到八十神使壞惡搞白兔，告訴白兔：「去泡個海水再到山上曬太陽風乾就沒事了。」想當然這絕對不是什麼皮膚病療程，根本是兔肉干的製作流程，剩半條命的白兔只好奄奄一息的繼續趴在海邊。

當馱獸的大國主命走得比較慢，後來也遇上了這隻白兔，好奇的問了白兔因由，兔子說牠打算過海但是不會游泳，於是心生一計向海鱷＊2提議來比賽，看是兔子的數量多還是海鱷數量多，為了計算方便，海鱷們通通浮上海面排好隊，再由兔子從牠們的背上一隻一隻跳過去。海鱷們不疑有他，浮出海面讓白兔進行一個跳馬的動作，就在跳過最後一隻海鱷時，白兔得意忘形哈哈大笑說：「你們這些阿呆被我騙啦，我只是想要過海而已，啾咪。」這種中二行為就像詐騙集團得手後在 FB 貼文炫耀一樣白目，結果惹惱了海鱷，當場被活剝。

眼看白兔抖著抖著就要完蛋了，大國主命起了惻隱之心，告訴兔子去用湖水清洗，然後沾上花粉治療，終於把兔子給治好了＊3，於是兔子展開牠的報恩，告訴大國主命，短命鬼八十神不可能得到八上比賣的芳心，八上比賣最後會跟宅心仁厚的大國主命在一起，然後過上王子公主般的快樂生活！

看吧！真是一段勵志佳話！當駄獸的好人最終可以抱得美人歸！多麼振奮魯蛇們的心啊！而且大國主命除了八上比賣這個老婆外（還只是二房），另外還有五個妻子，不僅如此，這些夫人還一起幫大國主命生了一百八十個小孩＊4！簡直是神話界的唐伯虎，是天下男人的偶像，所以男生來這裡參拜才是合情合理的，怎麼會是女孩兒來這裡祈求愛情呢？

順帶一提，日本有個網站針對男性會員進行調查，祈求愛情的時候會到哪個神社？第一名的「出雲大社」占了百分之二十八，而這個出雲大社的主祭神不是別人，正是大國主命！所以女孩兒們醒了嗎？

1 氣多海岸即今日鳥取縣白兔海岸。
2 海鰐一說為鯊魚，亦有鱷魚、海蛇之說。
3 大國主命在神話中為開拓之神，因為治癒了因幡白兔所以也被當作醫藥之神。
4 關於大國主命的子孫有多少，在古事記中記載為一百八十個，日本書紀為一百八十一個。也因此常被視為保佑生產（或治療不孕症祈願）的神明。

参道階梯

地址　京都市東山区清水一丁目317

交通　京都市巴士「五条坂」、「清水道」下車，步行約10分鐘

開放時間　09:00-17:00

拜觀料　無

網址　http://www.jishujinja.or.jp/

周邊景點　清水寺、善光寺堂、產場稻荷

# 伏見稻荷大社　倉稻魂命

## 現代都市傳說比古代傳說還神奇的地方

根據外國旅遊網站「TripAdvisor」的統計調查，京都的伏見稻荷大社連續兩年穩坐外國人去日本最想參觀的景點第一名，確實是實至名歸的，假如有人要我推薦京都景點，前三名也一定有伏見稻荷大社。原因不單是因為千本鳥居很有代表性，而是其在京都獨特的歷史地位。

根據《山城國風土記逸文伊奈利社条》記載，秦氏遠祖富豪伊侶具，將米做成白餅後用箭射之，結果白餅化成白鳥，飛到山中停留生成稻子，於是伊侶具在此建立伊奈利神社，即稻荷神社，最後逐漸發展成今日的伏見稻荷大社。京都除了伏見稻荷大社外，松尾大社、廣隆寺、木嶋神社都與秦氏有極大關連，由於「秦氏」這些渡來人擅長農耕、釀造、紡織與鐵器製作，受惠於此的在地人也就一同祭祀這些神明。

江戶時代約有百分之八十五的日本人從事農業，因此庇佑五穀豐收的稻荷神信眾自然最多，即便是現代化的今天，從事農業的人逐漸被工商業所替代，卻也都跟「餬口飯吃」有關，所以稻荷神演變成不單單只管作物生產，更成為商業繁盛、家內安全、無所不包的萬能神明。日本的稻荷神社數量號稱高達三萬多社，京都每年的「初詣」人數最多的也是伏見稻荷大社，祈願之人滿坑滿谷，「病弘法、欲稻荷」*1此言不假。

說來奇怪，香火鼎盛的伏見稻荷大社主神「倉稻魂命」*2在日本神話中的記載並不多。《古事記》中，他是須佐之男命的兒子，但在《日本書紀》中，卻是伊奘冉尊（伊邪那美）和伊奘諾尊（伊邪那岐）在創造日本時，因飢餓而產生的，簡而言之，倉稻魂命的記述真的不多而且關係還有點混亂，但不管兩者差異為何，至少他們都有個共通點，倉稻魂命是穀物、食物、倉庫之神，也因此常被視為「保食神」、「大宜都比賣」。

又因為倉稻魂命的別稱「御饌津神」，發音標示成漢字即為「三狐神」，因此便將狐狸視為倉稻魂命的使者；另一說則是狐狸會捕捉偷吃作物的老鼠，所以是保護稻穀的動物，被視為農作物之神的使者。總之，伏見稻荷大社不是拜狐仙的，像這樣以動物為神使的神社相當多，如以鹿為神使的春日大社和嚴島神社、以兔子為神使的岡崎神社、以山豬為神使的護王神社，所以不要再以訛傳訛了。

雖然關於倉稻魂命的傳說不多，但伏見稲荷大社的近現代傳說卻不少，就讓我來介紹一些有趣的故事吧。

聽說帶著稻荷壽司上山，壽司會莫名其妙消失？

據說神的使者狐狸很愛稻荷壽司，看到旅客帶著稻荷壽司，自然就會貪嘴偷吃幾個，所以如果你想帶便當上山又不想被偷吃，那就選擇手卷或是江戶前壽司吧（誤），其實你還是可以帶著稻荷壽司上山的，只要在便當盒中放一盒火柴就不用擔心被偷吃了，據說是因為狐狸怕火，所以只要便當裡有火柴，狐狸們就不敢輕舉妄動了。

稻荷山的登山途中會經過一個名為「新池」的小湖，就是在熊鷹社旁的那個。當地人相信稻荷山上有所謂的「木靈」，他們會惡作劇讓人迷路，上下山不過就兩個小時的路程卻還是有人會迷路。如果不幸你上了山，發現有親朋好友「失蹤」了，那就到新池來找人吧！找人的方法很簡單，只要走到新池，對著湖水拍手，接著仔細聆聽哪邊的回音最大，或者回音從哪邊傳來，然後朝那個方向去找就可以找到人了。

關於新池還有另一個傳說，首先在熊鷹社進行祈願，然後對著新池拍手兩次，如果回音很近（快）就代表你的願望容易實現，反之則代表不易實現。

千本鳥居

| | |
|---|---|
| 地址 | 京都市伏見区深草薮之内町68 |
| 交通 | JR「稲荷」或京都市巴士「稲荷大社前」下車，步行約3分鐘 |
| 開放時間 | 社務所 08:30-16:00 |
| 拜觀料 | 無 |
| 網址 | http://inari.jp/ |
| 周邊景點 | 荒木神社、眼力社、產場稲荷 |

1 弘法即東寺，稲荷即伏見稲荷大社，此句意味生病時去東寺參拜，有所求時去稲荷大社參拜。實際上東寺和伏見稲荷大社真的關係匪淺，除了在營建東寺時秦氏提供了稲荷山的木材外，空海大師還曾跟稲荷大神打過交道，讓稲荷神成為東寺守護神，所以至今稲荷祭在五月三日還幸祭時都還會到東寺打聲招呼。

2 《古事記》中為「宇迦之御魂神」。

# 下鴨神社與上賀茂神社
# 玉依姬、賀茂別雷大神

## 下鴨神社推理劇，一個玉依姬各自表述

京都三大祭中，除了時代祭外，葵祭和祇園祭（見第一章八坂神社篇）都擁有悠遠歷史。祇園祭能夠驅逐瘟疫、祈求平安，葵祭則是為了風調雨順、農產豐收，每年的五月十五日上午十點半，穿著平安時代服飾的遊行隊伍會從京都御所出發，沿途經過下鴨神社，最後抵達上賀茂神社，不好想像的人，看一下電影《鴨川荷爾摩》就知道是什麼場面了。

下鴨神社在桓武天皇遷都至平安京之前就已存在，與松尾大社並稱「賀茂之嚴神、松尾之猛靈」*1，是強大的信仰中心，其威能自然不在話下。過去桓武天皇在營造平安京前，就曾來此祈求國泰民安、營造順利，因此下鴨神社就有「國泰民安」的威能。

祭神之一的賀茂建角身命最有名的傳說，就是他曾化身為八咫烏，引導神武天皇走向勝利，因此下鴨神社也就有為祈願者指引方向得到勝利的威能。而另一個主祭神玉依姬則是賀茂建角身命的女兒，根據《山城國風土記》的記載，她在瀨見小川玩耍的時候，上游

上賀茂神社

漂下了一支紅箭，玉依姬覺得箭很漂亮，就帶回家放在床邊，那紅箭原來是「火雷神」變的，後來兩神結婚生下賀茂別雷大神（上賀茂神社主神）；另一說是玉依姬把箭放在床邊後就懷孕了[*2]，也因為這個傳說，下鴨神社多了結緣和安產的威能。上賀茂神社的攝社「片岡社」同樣祭祀著玉依姬，其心型繪馬也是祈求良緣的聖品。

　這位玉依姬的身份很值得玩味，因為在《古事記》和《日本書紀》中，祂是日本第一任天皇神武天皇的母親[*3]，那麼問題就來了，假如玉依姬是賀茂別雷大神和神武天皇的母親，那麼神武天皇和賀茂別雷大神應該是兄弟才對，可是在「記紀」中，神武天皇的兄弟裡並沒有賀茂別雷大神啊！這到底是怎麼回事？

嗯，接下來就是神話柯南登場的時候啦！

在日文中「玉」和「魂」發音一樣，而「依」有附身的意思，因此玉依姬應該是指被神明附體而神格化的巫女，也就是說雖然都叫玉依姬但不是同一個人（神），不同的巫女和不同的丈夫生下不同的兒子很合理也很合邏輯，即玉依姬只是巫女們的代名詞並不特定指誰。

另一個說法則認為兩個玉依姬就是同一女神，之所以神武天皇的兄弟中沒有賀茂別雷神，是因為賀茂別雷神就是神武天皇！因為下鴨神社又稱賀茂御祖神社，所謂的「御祖」指的就是「皇祖」，而皇祖正是神武天皇；再者，根據上賀茂神社的傳說，其中也提到神武天皇統治時期，賀茂別雷大神降臨於賀茂山一事，兩者出現的時間太巧合，而降臨也有統治的意味，因此主張神武天皇等於賀茂別雷大神，這樣兩人（實際為同一人）的母神同為玉依姬也就說的過去了。

看完神話柯南的分析，大家覺得哪個說法比較可信呢？什麼？還是看不懂？算了，讓我們一起去吃個御手洗糰子吧！喔～對了，下鴨神社販售的女性專用御守「媛守」，花色眾多，女孩兒們不妨為自己購入一個吧。

## 關於下鴨神社的御手洗祭

每年的「土用之丑日」前後，下鴨神社都會舉行「御手洗祭」（みたらし祭），這個祭典原是平安時期貴族用來祈求健康、消除災厄的祈福儀式，現已是普羅大眾都能參加的活動了。在燠熱的夏夜中，眾人手持點燃的白蠟燭，走在通往御手洗池的途中，雙腳感受冷冽的池水，冰鎮因酷熱引發的煩燥情緒，悉心地緩緩將蠟燭插在架台上，然後上岸喝口透心涼的神水，儀式簡單卻能讓全身上下由裡到外都得到淨化，若你夏天來到京都，一定要體驗一次下鴨神社的御手洗祭。

| | |
|---|---|
| 地址 | 京都市左京区下鴨泉川町59 |
| 交通 | 京都市巴士「下鴨神社前」，步行約5分鐘 |
| 開放時間 | 06:30-17:00 |
| 拜觀料 | 無 |
| 網址 | http://www.shimogamo-jinja.or.jp/ |
| 周邊景點 | 相生社、河合神社 |

1 此處的賀茂指的是下鴨神社和上賀茂神社。

2 至今每年的立秋前一天下鴨神社的夏越神事又稱「矢取神事」，由一群健壯的男子在下鴨神社的御手洗池進行齋串爭奪的活動，因為齋串為箭型又稱齋矢故稱矢取神事，本儀式就是由玉依姬拾獲丹塗矢演變而來。

3 「記紀」的內容稍有不同，但玉依姬為神武天皇之母是一致的。

## 梅宮大社　木開花耶姬、檀林皇后

祭祀神、人界兩位偉大美少女的地方

梅宮大社以祭祀造酒之神與祈願求子、安產聞名。這裡祭祀的「大山祇神」*1，為慶祝女兒「木花開耶姬」和天孫「瓊瓊杵尊」順利生下「彥火火出見尊」*2，用米釀造了「天甜酒」，成為日本最早的「造酒紀錄」，大山祇神便成了日本唯一的造酒之神。大山祇神相當有來頭，許多神明都和他有關，他的另一個女兒便是貴船神社結社的「磐長姬」；八坂神社素盞嗚尊的妻子「奇稻田姬」，其父母腳摩乳和手摩乳也是大山祇神的子女，也算的上是皇親國戚了。

木花開耶姬因為長的美麗而被瓊瓊杵尊看上，稱呼她為神界美少女應該是很合理。後因為她和瓊瓊杵尊只睡了一晚就懷孕，讓瓊瓊杵尊懷疑種不是祂的，於是她發毒誓，在烈火之中的無戶室產子，平安生下三子證明自己的清白，因此祭祀木花開耶姬的神社都能祈願平安順產。

梅宮大社

相殿祭祀神之一的「檀林皇后」橘嘉智子更是人間極品，梅宮大社原本是橘家祭祀氏神的神社並不在現址，是檀林皇后遷移過來的。話說嵯峨天皇想要結婚，但苦無理想對象（連天皇都找不到對象，那平民百姓怎麼辦？），某夜，天皇夢見神明告訴他：「到六角堂的柳樹下就可以找到你的對象，把她迎入宮中吧！」嵯峨天皇醒來後，立馬前往六角堂，果然在柳樹下遇見了絕世美女橘嘉智子，將她迎回宮中立為皇后！那棵柳樹就成為現在的戀愛能量景點「結緣柳」（縁結びの柳），想在這裡祈求愛情的話，抽完籤後將籤紙捲好，然後用籤紙將兩枝柳條綁在一起，大概是取一個連理枝的概念吧。不論如何，檀林皇后讓原本因祖父橘奈良麻呂之亂而差點完蛋的橘家重回政壇，她也是橘氏唯一當上皇后的女性，後來生下仁明天皇＊3，真是橘家之光！

在京都和橘嘉智子相關的地方很多，除了六角堂外，篤信佛教的她在嵐山建立了檀林寺（故被稱為檀林皇后），還有一個地名也與她有關，那就是「帷子之辻」（帷子ノ辻）。相傳檀林皇后是個絕世美女，美到連在修行中的和尚看到她都會心動！篤信佛教的檀林皇后，覺得這樣的美貌會妨礙人們修行實在不應該，於是決定透過「身教」告訴世人「色即是空」的道理，因此交代後人，她死後不要入葬，找個地方丟著任屍身腐敗即可，讓世人了解再美的事物最後仍歸塵土！當時放置遺體的地方據說就是現在嵐電帷子之辻站一帶，帷子指的便是經帷子，即往生者所穿的衣物！

木花開耶姬和檀林皇后都因產下偉大的子嗣而被崇拜，梅宮大社也因此成為求子安產的聖地，境內遍植梅花也是因為「梅」的日文發音與「產」一樣而被視為神花＊4。說到生產，受苦的總是女性，來到梅宮大社時，別忘了向這兩位偉大的女性致敬一下啊。

| | |
|---|---|
| 地址 | 京都市右京区梅津フケノ川町30 |
| 交通 | 京都市巴士「梅宮大社前」下車，步行約3分鐘 |
| 開放時間 | 09:00-17:00 |
| 拜觀料 | 無（神苑 大人５５０円 小孩３５０円） |
| 網址 | http://www.umenomiya.or.jp/ |
| 周邊景點 | 松尾大社、月讀神社、鈴蟲寺 |

1 大山祇神於《古事記》中記為大山津見神，為伊邪那美與伊邪那岐所生，而在《日本書紀》中則是伊邪那岐殺了火神後才誕生。

2 又稱山幸彥，第一代天皇神武天皇的祖父，其故事被視為浦島太郎的原型。

3 相傳檀林皇后就是跨過在梅宮大社的「跨石」才懷上仁明天皇，請見第三章梅宮大社跨石篇。

4 一說是「木花開耶姬」的「木花」原是指梅花。

## 貴船神社
# 高龗神、闇龗神、磐長姫

神和人都充滿情慾糾葛、愛恨交織的地方

與鴨川納涼床齊名的貴船川床，其流水素麵算是台灣觀光客最熟悉的料理，不只夏天，秋天的紅葉與冬天的雪燈都是貴船神社的大賣點，尤其是參道階梯兩側的紅獻燈，更是許多遊客與攝影師的最愛。

傳說神武天皇的母神玉依姬乘坐「黃船」來到這個地方，因黃船發音近似貴船，從此這裡就被稱作貴船神社了。作為京都地區最古老神社之一並掌握京都命脈鴨川的源頭，貴船神社的神明被視為管理水源即生命之源的神明。

關於貴船神社的祭神高龗神和闇龗神，在《古事記》和《日本書紀》中分別這樣記載著，伊邪那美因生產火神時被燒傷，悲憤的伊邪那岐用劍殺了火神*1，當時在劍柄指間上的血就成為「闇龗神」，即山谷間的水神；《日本書紀》則記載伊邪那岐將火神砍為三段，其中一段成為「高龗神」。

高龗神和闇龗神是控制降雨與止雨的神明（另說兩者為同一神），相傳京都地區只要碰上長期乾旱就會在此供奉黑馬，反之，豪雨成患就供奉白馬，後來慢慢轉變成供奉板立馬，也就是現在我們看到的繪馬（感覺有點偷工減料），因此貴船神社被視為繪馬的發源地，也因為祭祀著水之神，連神籤的方式都和別人不一樣（請參照第三章貴船神社水占）。

貴船神社的結社祭祀著一位女神「磐長姬」，他是大山祇神的女兒。話說天孫瓊瓊杵尊來到地面史稱「天孫降臨」，遇到一個美少女便前往搭訕，對方說：「我是大山祇神的女兒，木開花耶姬。」天孫想娶人家，就去向大山祇神提親，想不到大山祇神不但答應，還很大方的買一送一，把姐姐磐長姬一併陪嫁，想不到天孫兄竟然嫌姐姐長的醜就退貨了，這就是所謂的「人正真好，人醜吃草」吧！

結果這下大山祇神覺得面子掛不住，撂下狠話：「本來這個姊姊可以讓你的家族壽命如磐石永固，妹妹讓你的家族如繁花盛開，但你卻拋棄姐姐只留下妹妹，所以將來只有盛開之花朵，但花朵最終都會凋逝。」自此之後，天皇家就只能繁盛，但壽命短暫，唉，又是一個好色誤事的案例啊。

貴船神社是個能量景點，據說對愛情特別有效，原因就和這位被供奉在結社的磐長姬有關。據說當初被天孫嫌棄退婚後，磐長姬卻說：「我將為這世上的人覓得良緣。」只能說磐長姬也太偉大了，自己被甩還要幫大家結良緣！總之，從平安時期開始，上至貴族下至百姓，全都相信這裡是個結緣聖地，女文學家和泉式部也在這找回愛情，過去想結緣的人都會到這裡把細長的葉子綁在玉垣上，現在則是讓大家寫結緣書（結び文）為自己的愛情祈願，跟繪馬一樣，都是愛護生命的表現。不過繪馬也好，結緣書也罷，這些都是「正常」的祈願方式，接下來就說說「不太正常」的方式吧。

貴船神社除了是繪馬的發源地，也是釘稻草人詛咒他人的「丑刻參拜」發源地！據說貴船明神是在丑年丑月丑日丑時降臨的，所以在這個時候去參拜會特別靈驗，但不知道何時開始，「丑刻參拜」竟成了咒殺他人的手段。

深夜丑時，身著白衣的女子頭戴鐵環，上面插著三支蠟燭，然後在擁有能量的神木上，充滿怨念地釘著仇家的稻草人，連續七天對手就會死亡，過程如果被看見，詛咒就會反彈到自己身上，所以被人看見就必須把目擊者滅口！（驚）

話說這個「丑刻參拜」的原型來自嵯峨天皇時期「宇治的橋姬」，橋姬非常善妒，看到別人恩愛就受不了，堪稱古代的情侶去死去死團，她連續七天向貴船明神祈求化身為鬼神，咒殺讓她忌妒的女人。於是貴船明神指示她，將頭髮綁成五束如同五隻角，把臉和身體塗紅，頭戴鐵輪插上三根火炬，並在嘴上含上一根兩端點火的松明，然後泡在宇治川裡二十一天，這樣就會化身鬼神。據說當時看到她這樣子的人都被嚇死了，我想即便是現代，半夜看到這種扮相一樣會嚇死人吧？至今都還有情侶走過宇治橋會分手的傳說，可見她的怨念有多大。

貴船神社的威能，從過去就受到詩人和泉式部等知名人士的愛用和肯定，相信來這參拜肯定可以滿足你各方面的願（怨）望。

1 從劍尖、劍身、劍柄上誕生了八個神明，分別代表岩、火、水，引喻「冶煉鍛造」人類走入金屬文明。

結緣書

地址　京都市左京区鞍馬貴船町１８０
交通　叡山電車「貴船口」下車，轉乘京都巴士至「貴船」下車，步行約5分鐘
開放時間　授與所 09:00-16:30
拜觀料　無
網址　http://kifunejinja.jp/
周邊景點　鞍馬寺

# 平安神宮　桓武天皇、孝明天皇

## 自卑的權謀家與排外的憤怒青年

每年十月二十二日是京都三大祭之一「時代祭」舉行的日子，始於一八九五年的「時代祭」是個「很年輕」的祭典，當初是為了紀念遷都平安京一千一百年以及平安神宮創建而舉行。祭典當天，穿著明治維新時期到延曆時代服飾的遊行隊伍，由京都御所出發，一路走向平安神宮，所有服飾都經過嚴格的歷史考證，在觀賞時代祭的同時，猶如穿越時空一般相當有趣。

平安神宮的祭神之一桓武天皇是日本第五十代天皇，歷經兩次遷都，最後選定落腳於平安京，雖然這兩次遷都有很大程度是出於政治因素和一小部分（？）怨靈的影響（詳見京都的怨靈們），但說他是創造平安文化，甚至是日本文化的始祖一點也不為過。在他任內遷都兩次，東征蝦夷三次，並對日本的佛教改革極為用心，空海和最澄兩位高僧的地位也在此時飛騰！以此來看，桓武天皇算是文武雙全不世出的聖主呢！

可是遷都和東征蝦夷這兩件事卻讓國家陷入財政危機，首先，採用風水之說，選了四神相應的京都盆地作為新首都，實際上平安京卻從未完工，而是在八〇五年停工了，其中原定的右京地區（非現在的右京區）「長安」，因溼地關係只完成了一半就逐漸荒廢；東征更不用說，打仗只會讓財政更緊張，所以同樣在八〇五年停止東征*1。停止這兩大事業的隔年，桓武天皇就駕崩了，莫非古代就有退休症候群？

桓武天皇重整佛教的主要目的是排除惱人的奈良佛教勢力，也可能是為了自己的前半生尋求一些宗教庇護或贖罪，遷都平安京的第六年，甚至追封早良親王為崇道天皇，當時的他也許仍被早良親王的怨靈糾纏不清。諷刺的是，彷彿因果宿命般，他和早良親王的兄弟相爭，竟也發生在自己兒子身上，老大平城天皇和老二嵯峨天皇內鬥*2，但跟父親與叔父不同的是這次弟弟贏了，命運的惡趣味莫過於此。

後世以心理學的角度來看，桓武天皇終其一生的行為其實都是「皇族血統」上自卑的體現，所以才大張旗鼓搞遷都、搞東征、搞佛教，藉此表現自己的英明神武。桓武天皇也是有名的神經質天皇，對於弟弟早良親王的怨靈過分執著，在平安京又是四神相應，又是鬼門鎮守，又是將軍塚的，簡直到了恐慌症的地步，唉，這位天皇的心裡真的很苦。

平安神宮大鳥居

平安神宮的另一個祭神孝明天皇是個倒楣天子，生不逢時碰上日本百年不遇的動亂時代，一八五三年的「黑船事件」，美國人帶著洋槍洋砲來敲門，沒實權就算了，連想當個太平天子都沒機會。

洋人都騎到頭上來了，幕府還要跟洋鬼子簽不平等條約？作為日本「表面上」的大家長怎麼能不生氣？偏偏生氣也沒用，幕府和開國派大臣根本不把他放在眼裡，當他是個搞不清國際現實，只想鎖國攘夷的憤青，簽了日美修好通商條約後，列強依樣畫葫蘆全來插花，這段時間受夠窩囊氣的天皇，氣到差點要退位罷工不幹了。

爾後心不甘情不願的把自己的妹妹和宮

下嫁給德川家茂，朝廷和幕府聯姻，大搞「公武合體」，當然雙方都各懷鬼胎，幕府想要利用朝廷重建權威，而天皇想利用幕府趕走洋人搞鎖國，遺憾的是，幕府權威在第二次長州征伐後，徹底被看破手腳，那年德川家茂死了，趕走洋人的希望徹底破滅，不到半年，天皇也得了天花含恨而終，享年三十五歲。

人們對於孝明天皇的死因非常感興趣，據說天皇除了長年為痔瘡所困之外，大致上健康良好，怎麼會得到天花就猝死？又怎麼會搞到九孔流血呢*3？這根本是砒霜中毒的症狀啊！因此一直有傳聞說孝明天皇是被毒死的，而嫌疑犯有岩倉具視、伊藤博文，甚至新任的幕府將軍一橋慶喜都在名單內，暗殺的原因就是討厭洋人、想鎖國的孝明天皇是妨礙進步的絆腳石，不除掉他就沒有日後的「明治維新」了。

簡而言之，平安神宮祭祀的兩個天皇，一個出身尷尬，一個生不逢時。

| | |
|---|---|
| 地址 | 京都市左京区岡崎西天王町 |
| 交通 | 京都市巴士「岡崎公園 美術館・平安神宮前」下車，步行約5分鐘 |
| 開放時間 | 06:00-17:00 |
| 拜觀料 | 無 |
| 網址 | http://www.heianjingu.or.jp/ |
| 周邊景點 | 岡崎公園、京都市立美術館、須賀神社 |

1 八〇五年「德政相論」同時中止了平安京營造與出兵蝦夷。

2 藥子之變。

3 中山忠能的日記中紀載「御九穴より御脱血」，但實際上出血性天花也可能出現此現象。

# 晴明神社　安倍晴明

## 被神化的中央氣象局局長

聽到「陰陽師」三個字時，你會想到誰？相信不用透過膝反射你都會回答「安倍晴明」吧。在電影、漫畫、動畫的推波助瀾下，陰陽師的風潮夯了好大一陣，但安倍晴明何許人也？真的有影視作品中這麼神奇嗎？讓我們看下去吧。

安倍晴明的職業是陰陽師，而陰陽師的主要工作就是觀察天文、制定曆法等，職務內容和中國的欽天監有點類似，主要掌管曆法、觀察天體，看有沒有天降異象等等，直到清朝才慢慢有「科學」的影子。這樣的人在古代可能位階不高，但在科學不昌明的時代，他們卻也擁有「天象」或「風水」的解釋權，上位者通常會對他們言聽計從，譬如平安京會選擇一個「四神相應」之地，自然也有陰陽師的影響。

話題回到「陰陽師」這個身份上，最早日本的陰陽師設置可以追溯到天武天皇時期，當時設立「陰陽寮」讓這些陰陽師在此工作，他們的主要工作內容就是天象觀測、占卜、曆法製作、風水、吉凶日判斷、擇日等等，是的，陰陽師的工作在當時可沒有什麼鬼神之說，那麼是什麼時候才多了可以招喚鬼神、使用法術的神祕色彩呢？

就是在很不平安的平安時代！桓武天皇剛從奈良遷都到長岡京，隔年就發生了藤原種繼暗殺事件，桓武天皇趁機翦除自己的弟弟早良親王，結果無辜遭罪的早良親王含冤而死，成為大怨靈禍亂長岡京，最後迫使桓武天皇放棄長岡京，遷都至平安京也就是現在的京都。

日本人向來有御靈信仰的習俗，對於怨靈希望有實際的處理方式，當時的陰陽道已經融合道教、佛教、古神道、密教的特色，出現符咒、法術、巫醫等形式，因此具備擊退惡靈，甚至詛殺的能力！平安時期還有政治人物為了消滅政敵找陰陽師來施咒或嫁禍給對方*1的例子。換言之，陰陽師開始有「法力」是始於平安時期，在這之前頂多就是天文學家，所以嚴格來說，晴明公最多就是中央氣象局局長而已。

後人為了神化安倍晴明，製造出許多奇妙的故事，譬如晴明公的母親是狐狸，晴明公從小就有陰陽眼，晴明公會操作式神之類的穿鑿附會，使得小小的神社永不乏慕名而來的遊客，其實神社境內還是有些可玩味之處。譬如神社的厄除桃據說是受到中國道教影響，將桃視為辟邪之物，如桃木劍，在日本神話中伊邪那岐逃離黃泉國時，也是丟下桃子方能脫身，還有童話故事裡打鬼的桃太郎，又譬如一条戻橋（不是神社裡面那座），有著死者經過時會復活的傳說，所以有「回來」的意思，因此在二次大戰期間，出征男子會從橋上走過，祈願可以生還歸來，以及未完婚女性要遠離一条戻橋，免得嫁出去離婚又回來了。

嗯，我想如果晴明公生在現代可能只是個新聞台的氣象主播，或是常常被網民酸不準的氣象局局長吧，但每當我看到市巴士車窗上貼著晴明神社的交通安全貼紙時，又覺得晴明公的威能過了幾世紀仍深植人心，這才是真的強大吧，等等！說不定市巴士其實是式神變的呢？

晴明像

| | |
|---|---|
| 地址 | 京都市上京区晴明町806 |
| 交通 | 京都市巴士「一条戻橋・晴明神社前」下車，步行約2分鐘 |
| 開放時間 | 09:00-18:00 |
| 拜觀料 | 無 |
| 網址 | https://www.seimeijinja.jp/ |
| 周邊景點 | 京都御所、護王神社、相國寺 |

1 最有名的應該就是蘆屋道滿受到藤原顯光指使去咒殺政敵藤原道長，最後被安倍晴明破了法。

# 北野天滿宮　菅原道真

## 從皇族到平民都畏懼的大怨靈

北野天滿宮在觀光客的心目中一直是賞梅、賞楓的好去處，每個月二十五日的天神市市集，出店規模更是與東寺弘法市齊名，此處的主祭神「菅原道真」是學問之神，是天下莘莘學子們「崇拜」的偶像，不過這位「菅原道真」卻是我心目中日本第一的怨靈！

像京都這樣的古老城市有幾個經典的「怨靈」或「幽靈」傳說並不稀奇，平民一點的像是「鐵輪的井戶」、「幽靈子育飴」等，但這些市井小民的怨靈和幽靈怎樣都比不上京都三大怨靈：崇德上皇、早良親王和道真公，這種皇室貴族出身的怨靈其危害程度幾乎可以動搖國本，想不到連怨靈都有格差啊！認真想想這其實是有道理的，身為皇室貴族，日子過得有滋有味，最後全被剝奪掉了，怨氣肯定是爆表的啊！雖說上述三位怨靈各有勝場，但搞到現在還能香火鼎盛的，道真公可說是另外兩位難以望其項背的。

道真公是人生勝利組，因為天資聰穎、文章蓋世，受到歷任天皇的重用，從二十五歲開始幾乎年年升官，後來還和宇多天皇結成親家，直到五十五歲升任右大臣，這是他人生最輝煌的時刻，不過月盈則虧，潮滿則退，雖然當時有人勸他應該愛惜羽毛急流勇退，但此時的道真公肯定志得意滿，怎麼可能退出江湖？於是慘劇就悄悄降臨了。

長期獨佔朝綱的藤原氏本來就對道真公很有意見，看他被升為右大臣當然欲除之而後快，道真公上任右大臣兩年後，藤原時平向醍醐天皇誣告道真公企圖幫助齊世親王謀奪皇位，這個齊世親王是道真公的女婿醍醐天皇的弟弟，醍醐天皇竟不分青紅皂白就聽信讒言，罷黜了道真公，連宇多上皇想幫道真公求情說項都沒辦法*1，就這樣道真公被流放到九州的太宰府，兩年後含恨病逝。

道真公死後三年，京都開始出現各種異變……

被害人一號，藤原定國：陷害道真公的謀劃者之一，死因不明。

被害人二號，藤原菅根：當初宇多上皇想去找醍醐天皇幫道真公說項，被此人阻擋，此人還是道真公的弟子，沒想到他竟然恩將仇報，死因：被雷劈！

被害人三號，藤原時平：陷害道真公的主謀，三十九歲時得病暴死，據說當時有和尚要幫時平祈福，結果時平的耳朵跑出兩條蛇，告訴和尚這是道真公的復仇，並且得到天神的同

三光門

意，千萬不要企圖阻擋，和尚被嚇得逃出時平家，藤原時平就這樣「伏誅」了，死因：病死！

被害人四號，源光：和藤原時平聯手陷害道真公的人，狩獵時掉入泥沼之中被溺死。死因：溺死！

被害人五號、六號：醍醐天皇的皇太子保明親王（藤原時平的外甥）、太孫慶頼王（藤原時平的外孫），相繼病死！

被害人N號：「清涼殿落雷事件」：九三〇年京都發生旱災，醍醐天皇想要進行一個祈雨的動作，於是招集大臣到清涼殿議事。忽然天空烏雲密布下起雷雨，一道雷擊直接命中清涼殿，陷害道真公的幫兇藤原清貫被劈到胸膛炸裂當場死亡，平希世臉被燒焦，沒多久後也死了。接著落雷又擊中紫宸殿，美努忠包、紀蔭連、安曇宗仁，外加兩個警衛被燒死！由於道真公的「報仇」方式大都是用雷劈的，所以也被人視為「雷神」。

最後一個受害者：醍醐天皇本人，因為目睹「清涼殿落雷事件」嚇出病來，三個月後就駕崩了。傳說有位高僧日藏上人死後到了地獄，看見醍醐天皇在地獄受罪，醍醐天皇告訴日藏上人，當初他聽信讒言流放了道真公，所以現在才在地獄受苦，請日藏上人「復活」後回到人間，立「千本」卒塔婆來供養，這樣醍醐天皇才能解脫，這就是京都「千本通」的由來，我的媽啊！堂堂一個天皇因為流放了一個大臣就得淪落到地獄受苦，道真公的面子也太大了吧！

醍醐天皇死後的第九年，關東有人號稱受到道真公神諭，自稱「新皇」造反，那個人就是「平將門」，後來的日本三大怨靈之一！道真公自己是怨靈還引出了另一個怨靈，這樣的靈能力叫人毛骨悚然啊！

基於上述「神」蹟，道真公永遠佔據我心目中怨靈排行榜第一位，沒有之一，只有唯一！而日本人有「御靈信仰」的傳統，為了安撫大怨靈的道真公，就將其神格化供奉起來。由於道真公出生於二十五日死於二十五日，所以每逢二十五就是道真公的緣日，北野天滿宮到了每月二十五日就有天神市，日本三大祭之一的天神祭也是由此而來。

另外，京都桑原町這個地方和菅原道真也有關，相傳菅原道真變成怨靈後，開始在京都進行男性的復仇，某天開始下大雨狂劈雷，整個京都只有「桑原町」沒被雷劈到，點解？因為道真公的住所就在這啊，再怎麼憤怒也沒有人會劈自己家吧？所以日本人相信打雷時合掌喊著「くわばら（桑原）、くわばら（桑原）」就不會被劈了，堪稱道真公腥風血雨的報復傳說中唯一的詼諧光芒了。

——道真公與牛

北野天滿宮裡處處可以看見牛隻的雕像，牛被視為道真公的使者是有緣由的。

—傳說道真公的生日和忌日都是丑日，而丑地支就是牛。

二　道真公被流放時，藤原時平的刺客想要加害於他時，有白牛衝出來保護了道真公。

三　道真公為雷神，打雷通常伴隨降雨，所以雷神也被視為農業之神，牛是最具代表性的動物。

四　道真公被神格化為「天滿大自在天神」，此神由婆羅門教「大自在天」習合而來，坐騎也是白牛。

| | |
|---|---|
| 地址 | 京都市上京区馬喰町 |
| 交通 | 京都市巴士「北野天滿宮前」下車，步行約1分鐘<br>或嵐電「北野白梅町」步行約5分鐘 |
| 開放時間 | 05:00-18:00（10月—3月 05:30~17:30） |
| 拜觀料 | 無 |
| 網址 | http://kitanotenmangu.or.jp/index.php |
| 周邊景點 | 石像寺、千本釋迦堂、椿寺 |

1　關於道真公因讒被廢有一說是宇多上皇和醍醐天皇的政爭，道真公只不過是一個政爭下的犧牲品。

番外篇

# 京都的怨靈們

## 逼到天皇遷都的怨靈——早良親王

桓武天皇一生中總共遷都兩次，第一次在七八四年，由平城京（奈良）遷往長岡京（長岡京市）；第二次是七九四年，由長岡京遷往平安京（京都）。這兩次的遷都當然都有政治目的，不過在政治因素背後繪聲繪影的怨靈傳說，或許才是桓武天皇心中永遠的陰影吧。

桓武天皇是個有政治野心但出身尷尬的人，他是個混血兒，母親高野新笠有百濟血統，按照天皇萬世一系的傳統來看，他與天皇之位是無緣的。但是在權臣藤原百川等人的陰謀操作下，他的父親光仁天皇把原本的皇后和皇太子廢除，改立他為皇太子，此時光仁天皇竟天外飛來一筆，要求桓武天皇已經出家的弟弟「早良親王」還俗並立為皇太弟。

這點桓武天皇心中肯定是百般不願意，第一、當時日本政治生態已經嚴重政教不分，不久前才發生過道鏡和尚差點篡位成功，切斷天皇家血脈的醜事，所以對桓武天皇來說，想要建立權威就必須將南都佛教勢力排除在政治之外，現在立自己的和尚弟弟為皇太弟，這樣何時才能擺脫南都佛教勢力？第二、當時桓武天皇已經四十五歲，也有自己的子嗣安殿親王了，為什麼要立一個和尚弟弟當下一任天皇？光這兩個理由就足夠說明早良親王的前途黯淡了。

為了排除政治干擾和怨靈作祟*1，桓武天皇終於決定遷都長岡京，偏偏隔年七八五年發生了藤原種繼暗殺事件，這對桓武天皇來說，無疑是個剷除異己的好時機，早良親王無端受牽連被流放*2，無辜遭罪的早良親王蒙受不白之冤，多次申告無效，最終絕食含冤而死，但桓武天皇還不解氣，硬是要將其屍體繼續流放到淡路島。

沒多久，如同平城京怨靈事件的翻版在長岡京上演，桓武天皇的母親、皇后、妃子陸續病死，兒子安殿親王也患重病，外加瘟疫和水患，不到十年光景，長岡京就已破敗不堪，在陰陽師的指示下，認為這是早良親王的怨靈作祟，最終桓武天皇只好放棄長岡京而遷都到平安京，並採用風水四神相應之說設計都城，東北角的「鬼門」更是「安排」了比叡山延曆寺、狸谷山不動院等眾多寺社來壓陣，希望京都可以成為真正的「平安」京。

八〇〇年時，桓武天皇追封早良親王為崇道天皇，遷都六年才追封，看來應該是早良親王的怨靈在遷都後仍舊糾纏不已吧。

# 亂倫產物的皇室大怨靈

——崇德上皇

日本歷史上有個很狂的天皇，他就是白河上皇*3，在他手上日本天皇（嚴格來說是上皇）短暫的取回權力，不過人一旦有了權力就會狂亂，這點在白河上皇身上可就清楚展示了，白河上皇好色而且男女通吃，好色就算了，子孫還須承擔他的業報就太可憐了。

崇德天皇的母親藤原璋子是白河上皇的養女，但兩人的關係卻很「混亂」，爾後白河自作主張把璋子嫁給自己的孫子鳥羽天皇，沒多久璋子就生下了崇德上皇，但鳥羽天皇一點都不高興，他認為自己被爺爺白河天皇戴綠帽，崇德天皇根本不是他的兒子而是爺爺的種，索性稱崇德天皇為「叔父子」！（名義上是兒子但實際上是叔叔的意思）

鳥羽天皇極不待見崇德，白河上皇死後，就要求崇德退位，讓位給自己的親生兒子近衛天皇，怎料近衛天皇體弱多病，才十七歲就病死了，崇德以為自己有機會重掌政權，但被鳥羽打了退票，鳥羽又立了另一個親生兒子後白河天皇。這下崇德可惱火了，只因為這個無從選擇的尷尬出身，就長期受到鳥羽天皇的霸凌，眼看自己就這樣被排擠、遠離政治中樞，實

白峯神宮

在忍無可忍，鳥羽天皇一死，保元之亂就發生了。

可惜崇德上皇被平清盛＊4等武士支持的後白河天皇擊敗，事後被流放到讚岐吃烏龍麵，之後崇德抄寫了五部經書，向後白河悔罪，但被當作詛咒拒絕接受，鬱憤至極的崇德發願，「願為日本之大魔緣，擾亂天下。取皇為民，取民為皇」，貌如夜叉含恨而死。結果一語成讖，日後在武士集團的傾軋鬥爭下，天皇成了擺設，權力轉移到三個幕府手上將近七百年，即便明治維新幕府倒台，至今天皇依舊是個沒有實權的精神領袖，崇德上皇的怨恨毒誓可說是千年未消啊！

# 愛你愛到咒死你的耐力賽——鐵輪的井戶

皇親國戚為了權力鬥爭你死我活，市井小民則為了愛情生死相咒！

關於鐵輪井戶的傳說有很多版本，比較常見的版本是住在井戶附近的一位女性，因為丈夫外遇而被拋棄心生怨恨，於是每晚到貴船神社進行「丑刻參拜」，詛咒那個死鬼，原本七天期滿就可實現，但偏偏到了第六天她就氣力用盡死於井邊*5，人們看到這情景很同情那位女性，就將當時她戴的鐵環*6埋在井邊，故稱「鐵輪井戶」。

對那位女子來說，這段婚姻就是個孽緣，因而鐵輪井戶就有斬斷孽緣的功能了。不過仔細想想，從鐵輪井戶走到貴船神社至少要三小時，來回就要六小時（當時可沒交通工具），加上施咒的時間，等於六天晚上都沒睡，這位太太真是不簡單啊！

目前這口井已經乾涸，如要參拜可以自己帶寶特瓶裝水前往，然後按照一般「二拜二拍手一拜」的參拜方式向鐵輪大明神祈願，之後讓對方喝下那瓶水，就可以斬斷孽緣了，不過我覺得要讓對方喝下這瓶水才比較傷腦筋呢。

鐵輪井戸

1 這次遷都的怨靈影響指的是被藤原百川害死的井上皇后和他戶親王。此二人死後的十年內，包含藤原百川在內的冤案關係人相繼死亡，桓武天皇在此期間還生了場重病。

2 一說早良親王因與南都佛教勢力關係密切而一直反對遷都。

3 白河上皇，第72代天皇，院政制度的確立者以上皇身份權傾一時，自稱只有「天下三不如意」——賀茂川的水、骰子的數字和比叡山的僧兵。院政制度雖然排除了權臣藤原氏的干政，卻也埋下了日後武士奪權的種子。

4 相傳平清盛也是白河法皇的私生子。

5 一說是被安倍晴明破了法而死。

6 丑刻參拜時需頭戴插上三支蠟燭的鐵環。

## 進入神域的小常識

到京都觀光，神社是必定會踏足的地方，然而每個宗教都有各自的「遊戲規則」，所謂入境隨俗，到了人家的地盤就得照人家的規矩，更何況是到神明的領域呢？這裡介紹一些神社相關的小常識，也是外國人到神社參拜時比較容易「出狀況」的地方，希望大家前去神社參拜不要失了禮數讓神明不開心啊。

1 穿越鳥居前須先鞠躬表示恭敬。

2 不可站在鳥居中央，進出時也不可從中央穿過，因為參道中央是神明的通路，所以你可以從左右兩側穿越鳥居，但不能從中間。經常看到外國遊客喜歡在鳥居或參道中央拍照，甚至把行李或腳架就放在參道中央只顧自拍，這行為相當不恰當。

3 參拜結束後，離開神社時回頭再鞠躬一次，同樣不能走在中央。

## ——手水舍的小常識

不管進入神社或是寺院，通常都會看到「手水舍」，這是讓參拜者潔淨身心的地方，也是參拜前必須的程序，作法如下：

1 以右手持杓舀出適當水量，淋洗左手。

2 再以左手持杓淋洗右手。

3 將杓中的水倒在左手掌中，以手中的水漱口，千萬不要直接以杓就口！衛生！衛生啊！

4 接著再用水清洗左手。

5 最後，雙手立起杓柄讓水流下清洗杓柄。

所有的流程千萬不要讓舀出來的水滴回手水舍的水槽，那些水別人還要用啊！

部分手水舍還有「洗錢」的附屬功能，但這都必須先完成參拜程序後才能進行。

## 賽錢的小常識

到神社參拜時，多半都會看到賽錢箱，也就是我們說的香油錢，這也是我們向神明表示一點心意的時候。但是這個賽錢該投多少才合適？該注意什麼事情？這邊就來稍微說明一下吧。（以下皆以日幣為準）

在日本賽錢的金額都帶有特別含意，其意義通常是透過「語呂合わせ」（諧音）來表現，有點像我們會用數字的「一三一四」表示「一生一世」的感覺，供奉香油錢自然是希望祈求好運，因此賽錢金額的念法就扮演著相當重要的角色，有些金額念法象徵好兆頭，有些則要特別注意免得踩雷。

日本發行的銅板目前有一、五、十、五十、一百、五百這幾種面額。如果只要投一枚銅板的話，只需注意不要投入十円和五百円這兩種就好。因為十円的諧音是「とおえん」（遠緣），如此一來你跟願望的緣分就越來越遠了；五百円是目前最大面額的銅板（硬貨），而日文的硬貨音同「效果」，因此投五百円等於沒有更進一步的「效果」，所以不是金額越大就越好。

當然沒有規定只能投一枚，你也可投複數的銅板，譬如壞兆頭的十円只要加上一円就變成十一円，諧音等於「いいご縁」（好緣份）。投兩枚五円會不會反而帶來壞兆頭？不會的，這是雙重五　所以會被視為雙重好緣，希望未來大家到神社參拜時，不會再為賽錢的金額感到困擾了。

## 參拜小常識

最常見的參拜方式就是「二拜二拍手一拜」（部分神社如出雲大社例外），通常在賽錢箱前都會有告示牌教你如何參拜，參拜時盡量不要站在中央，這和台灣稍有不同，輕輕鞠躬一次，把賽錢輕輕放入賽錢箱然後搖鈴，有些神社沒有鈴，直接進入「二拜二拍手一拜」的流程，所謂「拜」就是九十度鞠躬，「拍手」注意右手較左手低一點，最後再輕輕的一鞠躬即可。

## 一 御守小常識

祈願參拜後，通常都會順便求個御守隨身攜帶，以求神明加護願望達成，但是御守不是買了帶著就了事，有些小地方還是要留心一下比較好。

1 可以把御守當作禮物送朋友嗎？

當你知道自己的親朋好友可能有某種需求，譬如想要生小孩，或是有健康方面的問題，而你正好在這些方面很靈驗的神社寺院，想買御守送給對方，這樣的情形是沒問題的，同樣的，別人送給你的御守也可以放心收下。但是，如果是對方用過的（不論有沒有效果）都不能收，自己用過的當然也不能送人。

2 御守可以打開來看嗎？

答案是不行的，因為守本身就可以視為神明的分身，打開來看就不尊重神明了。

3 御守有使用期限嗎？

御守的使用期間通常為一年，理由眾說紛紜，一說是因為御守作為你的守護替身（身代），經過一年的時間已經承擔許多厄、穢所以需要更新，另一說則是因為御守就是神明的分身，神明需要處於乾淨的環境，所以需要每年都送去「古神札納所」回收，然後換上新的御守，如果該神社離自家太遠，那麼也可以交給住家附近的神社處理，也有神社接受郵寄舊的御守。

## 4 可以戴上複數的御守嗎？

每個人可以針對自己的願望去祈求御守，但人的慾望無窮不太可能只有一個願望，舉例來說想要有好考運但又想要有好財運，自然求了兩個御守，這樣神明會打架嗎？答案是沒關係的，神明沒有這麼小氣。

## 5 願望實現的話，需要將御守送回神社嗎？

如果當初祈願的內容實現了，必須在一年內將御守送回表示還願，如果一年後尚未實現也需回原神社更新。

## 6 怎麼使用御守才正確？

御守最好是隨身攜帶，盡量放在上衣口袋，避免放在褲子的口袋，也可以放在隨身常用的包包裡，像是交通安全御守可以掛在車上，求財運的可以放在錢包裡，祈求考運可以掛在書包或放在鉛筆盒中。

## ——神籤與繪馬小常識

日本神社的籤詩大多和台灣一樣有吉凶之分，但是重點一樣都不在吉凶，而是籤詩的文字內容，那才是神明要傳達給你的話，所以不要因為吉凶而影響到情緒。

過去抽完籤後，會將籤紙綁在境內的樹木上，代表和神明結緣，也有把好籤綁在松樹上，壞籤綁在杉樹上的說法，因為松樹日文發音 MATSU 與「等待」同音，而杉樹日文發音 SUGI 與「過去」相同，意味著期待好運到來，壞運過去。不過將籤紙綁在樹上容易影響樹木發育，所以現在都會有讓參拜者綁籤的「みくじ掛」。

也有一說將吉籤帶回家，凶籤綁在神社的說法，或是用自己不慣用的手把凶籤綁上就可以轉運的說法，實際上不管好壞籤，這都是神明的指示，要綁、要帶回家都可以。

相傳京都的貴船神社是繪馬的發源地，如今日本各地的神社寺院都有自己的特色繪馬，各式各樣的造型讓人眼花撩亂，不過基本款繪馬通常只要寫上姓名、願望，然後綁在繪馬掛上即可。

近年來日本人對於個資安全極為重視，有的神社像是下鴨神社的相生社還提供繪馬貼紙，讓祈願者寫完後貼上，這樣除了神明外，其他人就看不到內容，不過我覺得與其說是為了個資安全，還不如說是怕許了什麼奇怪的願望剛好被認識的人看到吧。

# 第二章

## 祈願掛號求診科別
## 選對你的主治大夫

感情篇

# 羅漢腳的救贖

## 祐正寺

當今社會求姻緣這件事似乎變成女孩兒的專利，台灣的月老廟同樣是以女生居多，男生如果湊在一堆女生中間拜月老，肯定覺得很不自在。

男人的心聲神明聽到了！京都的祐正寺又稱「娶妻地藏」，相傳是在一六七三年受靈元法皇的敕願所設置的洛陽四十八靈場之一。既然叫做「娶妻地藏」，當然就是男性的戀愛救星了，適合單身的未婚男子前來參拜！據說相親前去參拜一下就容易遇到好對象，按照現在的生活方式來看，應該是聯誼（或上交友網站）之前去拜一下才對。

日本人說「惡妻百年不作」*1，可見娶對老婆的重要性，而娶妻地藏不只能讓你娶到老婆，而且還是個好老婆；另外就是娶妻地藏對調解婚後不良的婆媳關係、家運昌隆也很有效果，所以婚前婚後都可以來喔。祐正寺應該是我去過的京都寺院中數一數二小的，也不知道是不是知名度不高，每次參拜都只有我一個人，這樣也好，我就不用覺得害羞了。

祐正寺大門

| | |
|---|---|
| 地址 | 京都市上京区長門町409 |
| 交通 | 京都市巴士「千本出水」下車，步行約2分鐘 |
| 開放時間 | 08:00-16:30 |
| 拜観料 | 無 |
| 周邊景點 | 立本寺 |

1 「悪妻は百年の不作」形容娶到壞老婆不只自己倒楣，連帶子孫也會受影響，對女性來說則是「悪夫は百年の飢饉」。

# 在地願為連理枝

## 相生社

下鴨神社前方有個公元前三世紀的古老原生森林「糺之森」，在這裡還可以找到過去祭祀的遺跡，越古老就越有能量，下鴨神社就有著奇妙的「鴨之七不思議」，其中最有名、最受歡迎的應該就是相生社「連理的賢木」了。

連理的賢木是兩棵神木的樹幹部分連結成一體，因而有「結為連理」的含意。不過實際上這裡有三棵樹，結成「連理」的只有其中兩棵，真心覺得落單的第三棵好可憐啊。最神奇的是如果現任的「連理的賢木」老死後，竟然可以在糺之森內找到新的「連理木」，現在的繼任者是第四代，不愧是鴨之七不思議之一！

想在相生社求得好姻緣必須走一套頗長的流程，首先把願望寫在繪馬上，神社非常貼心準備了貼紙，如果不想讓人家看到你祈願的內容，可以在寫完後用貼紙封住，當然選擇不貼想大膽示愛的人還是有的，只是近年來網路資訊散佈極快，如果寫得太露骨還是加減貼一下比較好啦。接著將繪馬上的紅白紐繩綁成蝴蝶結，手持繪馬按照「男生順時鐘，女生逆時鐘」的動線，繞著相生社和連理之賢木走兩圈，在第三圈時把繪馬掛上，對著神社行二禮、二拍手、一禮，再到神木旁的「御生曳之綱」拉響鈴聲兩次，如果是情侶或夫妻則一人拉一邊，這樣就功德圓滿了。

這裡的賽錢箱也和別的地方稍有不同，上面寫的是「幸千」，發音和賽錢是一樣的，只不過寫成「幸千」也算是討個好兆頭吧！

連理賢木

| | |
|---|---|
| 地址 | 京都市左京区下鴨泉川町59（下鴨神社境內） |
| 交通 | 京都市巴士「下鴨神社」前，步行約3分鐘 |
| 開放時間 | 06:00-17:30 |
| 拜觀料 | 無 |
| 周邊景點 | 下鴨神社、鴨川三角洲、幸神社 |

# 專治各類型苦戀

矢田寺

愛買藥妝的人都知道，在京都想買物超所值的東西就要去寺町通，而在這麼繁華熱鬧又世俗的地方，竟然隱藏著可以解除苦戀的大救星！那就是矢田寺的「代受苦地藏」。

傳說小野篁帶滿慶上人到地獄去「參觀」時，發現灼熱地獄的鐵鍋正在料理曾在陽世犯罪的惡人，可是鐵鍋內滾燙的赤流中，竟然有位僧侶在救助這些罪人，滿慶很好奇，就問他為什麼要這麼做？僧人回答：「我要代世上更多人受苦。」回到陽間的滿慶認為在地獄的僧侶就是地藏菩薩，於是雕刻了當時的僧侶形象，放置了寫實的火焰雕刻，後來就成了矢田寺內供奉的地藏尊。

這尊「代受苦地藏」又稱「愛的祈願地藏」，是的，地藏不但可以救贖你的今世罪過，連你今世的戀愛都能拯救！苦戀、曖昧、單相思、乾哥乾妹乾弟乾姊關係複雜之苦，受夠感情煎熬的你趕快來向地藏祈願尋求解脫吧！這裡有著住持夫妻手工製作的「地藏布偶御守」

手工地藏娃娃御守

（八百円），可以帶回家當作護身符，也可以將願望寫在布偶後方掛在寺內祈願，據說很受女孩喜愛，求愛果然還是女生獨佔的市場啊！

好的，以後到寺町通血拼時，不要忘了來這裡走走，就算沒有苦戀的問題，應該也可以療癒一下逛街錢包流血之「苦」吧！

| | |
|---|---|
| 地址 | 京都市中京区寺町通三条上ル天性寺前町523 |
| 交通 | 京都市巴士「河原町三条」前，步行約3分鐘。 |
| 開放時間 | 08:00-19:30 |
| 拜觀料 | 無 |
| 周邊景點 | 本能寺、誓願寺、京都文化博物館、先斗町、錦天滿宮、六角堂 |

# 良緣也要有人幫

## 荒木神社

日本古代不太流行自由戀愛，源氏物語那種鏡花水月式的戀（亂）愛，老百姓沒啥機會體驗，一般男女到了適婚年齡時，就會有人互相幫忙介紹，通常是長輩、師長或親戚，但也有職業級的「仲人」幫忙牽線，仲人就是我們所謂的媒人。

位於伏見稻荷大社裏參道的荒木神社，供奉著「口入稻荷大神」，所謂的「口入」指的就是仲人，所以荒木神社就成了日本媒婆（現在應該是相親銀行之類的）來參拜、祈求生意興隆的地方。想要尋求好姻緣的人也可以來這裡，特別是個性內向、不好意思自己開口的人，說不定參拜完就會有人主動幫忙介紹好對象給你；另外，正在謀職的人，或是想改善人際關係的人也可以來這裡參拜。

荒木神社的口入稻荷人形（兩千円）是三尊一組的，和其他稻荷神社不同，這可不是祈求三角戀愛用的啊（也沒人會這樣想吧）。一男一女加上一個手提燈籠的媒人，模樣相當逗趣可愛，讓人連想到「狐狸嫁女兒」的傳說，每年春天的東山花燈路活動期間，晚上都會有狐狸嫁女兒巡行，充滿暗夜玄妙的神秘氣息。

荒木神社繪馬

| | |
|---|---|
| 地址 | 京都市伏見区深草開土口町12—3 |
| 交通 | JR「稻荷」或京都市巴士「稻荷大社前」下車，步行約10分鐘 |
| 開放時間 | 境內自由 |
| 拜觀料 | 無 |
| 周邊景點 | 伏見稻荷大社、眼力社、產場稻荷 |

# 把愛送到家門口的幸福地藏

鈴蟲寺

鈴蟲寺正式的名稱是華嚴寺，之所以被稱作鈴蟲寺，是因為境內一年四季都可以聽到鈴蟲的鳴叫聲。

鈴蟲寺的參拜方法和一般寺院不同，不是你想來就來，想走就走的（驚），因為來到這裡你必須先聽「鈴蟲說法」，鈴蟲說法其實很有趣，現場備有簡單的茶點，主講人說的內容並不是嚴肅的佛法，而是從鈴蟲生態一路談到人生哲理，過程中還會與台下聽眾互動，談話風趣逗得聽眾哈哈大笑，鈴蟲說法大概三十分鐘，說法時會告訴你如何向這裡最知名的「幸福地藏」祈願，原來規矩就藏在說法裡。

鈴蟲寺的幸福地藏是日本唯一一個有穿草履的地藏像，意思就是當你有苦難需要救助時，地藏會前往你的所在地幫助你（劍及履及的概念），所以祈願時除了報上自己的姓名和具體的願望外，一定要報上自己的住址才行，這樣地藏才能找到你。「幸福御守」內有地藏像，所以雙手合十祈願時，不能蓋到御守上方的「幸」字，因為那個地方剛好是地藏像的頭。

據說幸福地藏相當靈驗，特別對戀愛有妙不可言的功效，看著眾多女孩手持幸福御守對著幸福地藏誠摯祈願，足見她們對於「愛」的渴望有多強烈。

| | |
|---|---|
| 地址 | 京都市西京区松室地家町31 |
| 交通 | 阪急電車「松尾大社」下車，步行約15分鐘 |
| 開放時間 | 09:00-17:00 |
| 拜觀料 | 500円 |
| 網址 | http://www.suzutera.or.jp/ |
| 周邊景點 | 松尾大社、月讀神社 |

出頭天篇

# 勿忘盛極轉衰月盈則虧之理

## 若一神社

仁安元年（一一六六年），平清盛前往熊野參拜時，神明指示：「有神體埋藏在土中，找到祂，將之供奉起來吧。」後來平清盛回京都後，在宅邸的東方發現光芒，親自掘地三尺後，發現若一王子＊1的御神體，建立現在的若一神社來供奉之，隔年，平清盛就被任命為太政大臣位極人臣，平家權勢達到頂峰，若一神社因而有開運出頭天的威能。

神社境內還有平清盛像與當時平清盛種的楠木，樹齡八百年的楠木同樣威能強大，據說昭和時期進行都市計畫，原本要砍掉這棵楠木，想不到相關人員就出事了，簡直是樹木界的將門塚！最後只好放棄砍樹彎道繞過，形成在京都棋盤式道路中，少數因寺社而彎曲的地方。（還有兩處分別是在東、西本願寺。）

神社境內的「御神水」是京都銘水之一，水溫冬暖夏涼，據說是平清盛發燒時用來退燒的井水，也因為平清盛的關係，被賦予了開運的功能，可以自行裝瓶帶回家，但請記得要先煮沸再飲用。

話說回來，平清盛之所以能平步青雲，除了自身才能外，或許其出身也是加分點，傳說他的父親不是平忠盛而是白河法皇（嗯，有可能，這兩個人都非常好色），如果沒有這層關係，平清盛如何以一介武夫當上被貴族壟斷的太政大臣？

然而，平清盛死後不到五年光景，平家就在壇之浦一役滅亡，《平家物語》中，「祇園精舍的鐘聲，有諸行無常的聲響，沙羅雙樹的花色，顯盛者必衰的道理」道盡一切，每次來到這裡都會有「平清盛一世之雄也，而今安在哉？」的感嘆，我想平清盛的故事可以用來提醒來此參拜的人，發達後千萬不要染上大頭症「發燒」過度吧！

平清盛像

| | |
|---|---|
| 地址 | 京都市下京区七条御所ノ内本町98 |
| 交通 | 京都市巴士「西大路八条」下車，步行約1分鐘 |
| 開放時間 | 境內自由 |
| 拜觀料 | 無 |
| 周邊景點 | 京都鐵道博物館、梅小路公園 |

1 「若一王子」在神佛習合中也被視為天照大神或瓊瓊杵尊（天孫）。

# 想紅趕緊來這裡

## 藝能神社

每次看選秀節目都覺得演藝圈好殘酷，參賽者在台上拚命搔首弄姿，還要接受台下評審毒舌酸語，偏偏想紅的人這麼多，能紅的只有鳳毛麟角，為了出人頭地，除了自己拼命努力之外，富貴還是要「神」幫，建議你來藝能神社請天宇受賣命＊1助陣吧！

藝能神社位在車折神社境內，主祭神是「天宇受賣命」，傳說天照大神被自己的弟弟須佐之男嚇（氣）到，躲在天岩戶賭氣當自閉兒時，就是天宇受賣命在天岩戶外跳艷舞，弄得眾神大笑，引起天照大神的好奇心，進而被天手力男神趁機揪出來，這才使得世界重見光明。因此天宇受賣命被視為舞蹈、才藝之神，後來天孫降臨時，也是她露胸去和猿田彥溝通甚至還結為連理，綜合上述事蹟，封她為「美人計之神」應該也可以吧。

過去在藝能神社裡面的柱子、牆上與梁柱，全部被貼滿了寫著藝人名字的貼紙、照片或千社札，密集得眼花撩亂、目不暇給，相信當初來參拜的人一定也是忐忑不安，抱著充滿期待的心情貼上去的吧（目前貼紙已被清除）。這裡不一定是只有想紅的人才可以來拜，如果你是從事藝術、舞蹈相關職業的人，都可以來祈求在專業領域中更精進。

神社的玉垣也相當特別，上面寫滿了藝人的名字，目前已經有兩千多枚，要寫在這上面，一個人的奉納金為一萬円，可以放兩年，有點像台灣廟宇的光明燈，來到這裡不妨順著玉垣找找看有沒有認識的藝人吧。

順帶一提，車折神社和藝能神社是不同單位，車折神社是主神，按照規矩來說，應該先參拜車折神社再去參拜藝能神社喔！

| | |
|---|---|
| 地址 | 京都市右京区嵯峨朝日町23 |
| 交通 | 嵐電「車折神社」下車，步行約1分鐘 |
| 開放時間 | 境內自由 |
| 拜觀料 | 無 |
| 網址 | http://www.kurumazakijinja.or.jp/geinoujinja.html |
| 周邊景點 | 車折神社 |

藝能神社

1 《日本書紀》中為「天鈿女命」。

# 魯蛇也能出頭天

## 豐國神社

說到豐臣秀吉，通常都會聯想到大阪城，其實京都跟他相關的地方非常多，聚樂第（已不存在）、知名的賞楓場所北野天滿宮御土居、寺町通、天使突拔以及原本預計用來「遙控」京都的伏見桃山城＊1，這些地方都是秀吉的「遺作」。

秀吉從一介農民變成天下人的故事，激勵了古今許多人們，因此秀吉死後，就被視為保佑開運出世和勝利的神明，甚至還有人把自己的名字改成「羽柴秀吉」參加日本的各種選舉＊2，可見豐臣秀吉的奮鬥史對任何時代的人都很有鼓舞效果！

豐國神社境內處處可見豐臣家的家紋「五七桐」，而雄偉的國寶「唐門」是一大注目點，下方有著「鯉躍龍門」的雕刻，整個唐門以黑金色系呈現氣派豪華的風格，確實很適合秀吉公的 style。唐門的兩側柱上高掛許多葫蘆型繪馬，或許和秀吉在稻葉山城戰役中「千成葫蘆」的傳說有關，這些成串的繪馬大概就是「千成葫蘆」的概念吧。

秀吉的正室北政所寧寧夫人，在秀吉還沒發達時就跟著他，不嫌棄秀吉魯蛇、長得像猴子還很好色，一直扮演賢內助的角色，直到秀吉成為天下人，果然「成功的男人背後都有一個偉大的女人」，所以在豐國神社不只可以求出運，也可以結良緣喔。

葫蘆繪馬

| | |
|---|---|
| 地址 | 京都市東山区大和大路通正面茶屋町530 |
| 交通 | 京都市巴士「博物館三十三間堂前」下車，步行約5分鐘 |
| 開放時間 | 境內自由 |
| 拜觀料 | 無 |
| 周邊景點 | 三十三間堂、方廣寺、智積院 |

1 豐臣秀吉的時代又稱「桃山時代」，現今伏見桃山地區的町名都與當時大名有關。

2 三上誠三，自一九九九年開始以「羽柴秀吉」名義參加各式選舉卻沒有一次當選！山寨版的果然還是不行啊。

財運篇

# 金光閃閃瑞氣千條

## 本圀寺

在京都提到織田信長，大部分的人都會聯想到「本能寺」吧？其實山科地區的「本圀寺」與織田信長也有關聯。現在本圀寺的位置是後來搬遷的*1，如同現在的本能寺也是後來搬家的，兩地發生過的變亂都是和織田信長唱反調的*2。唯一不同的是本圀寺這場信長贏了，而本能寺那場信長退出歷史舞台了。

本圀寺山號大光山，是日蓮宗一致派的大本山，地位崇高被稱為「西之祖山」，一三四五年從鎌倉遷移到六条堀川的位置，因為那裡是御所西南方（裏鬼門），所以要有個夠權威的寺院來鎮護平安京皇室，一直到近代才轉移到今天的所在位置。這麼有背景的寺院當然也是個靈力充沛的能量景點，特別是運氣和財運不順的人一定要來這走一趟。

本圀寺的山門因為顏色鮮紅又被稱為「赤門」，相傳加藤清正在文祿・慶長之役時就是從這個門出發，之後頻建功勳最後成為肥後五十二萬石的大名，從一介草民出世開運平步青

清正宮

雲成為一方諸侯，死後被視為開運勝利之神，當初的出陣之門就成了「開運門」，寺境內還有祭祀加藤清正的清正宮，金光閃閃也是能量滿點啊。

境內的「九頭龍錢洗弁財天」是財運的能量景點，九頭龍是八大龍王之首，神通力最強，對財運特別靈驗，金光閃閃的龍神光是外觀就很有說服力，想要變有錢的人，只要將錢放在竹簍中（在龍像的右方），用龍口流出的水洗一下，最後放入淨財袋（需另購）隨身攜帶即可，如果可以最好還在辰、巳日前來洗錢喔。

除了開運和財運之外，寺內還有一個九名皐諦石具有防癌、祈求身體健康的神奇功效，不妨順便膜拜一下。順帶一提，這裡也是紅葉場所，由於知道的人不多，賞楓期間不想人擠人可以來這裡走走。

九頭龍錢洗弁財天

| | |
|---|---|
| 地址 | 京都市山科区御陵大岩6 |
| 交通 | 京都市營地下鐵東西線「御陵」下車，步行約15分鐘 |
| 開放時間 | 09:00-16:30 |
| 拜觀料 | 無 |
| 網址 | http://temple.nichiren.or.jp/5011092-honkokuji/ |
| 周邊景點 | 山科疏水 |

1 本圀寺法華堂始於鎌倉後遷至京都六条，一九七一年才移至現地。

2 一五六九年「本圀寺之變」，事件之後織田信長將本圀寺的部分材料移至舊二条城使用。

# 年中無休全天候營業的賭神養成所

## 御金神社

在世界文化遺產二条城附近的住宅區內，隱藏著一個小小的神社，如果沒有那閃耀金光、炫彩奪目的鳥居真的會很難發現，那就是「御金神社」。由於神社內也有祭祀天照大神的弟弟月讀尊，所以到了晚上還是燈火通明，算是一間神明全天輪班制的神社。

御金神社從過去就是附近居民的信仰中心，被稱為「金神樣」，主祭神是「金山彥命」，原本金山彥命被視為礦業、鍛冶、農耕器具、金屬加工業之神，但隨著時代的改變，金山彥命的服務項目也就越來越多，農業機械、證卷交易、柏青哥、樂透、賭馬（京都的伏見區就有一個賽馬場）都算是他的業務範圍，據說對於賭博類特別靈驗，幾乎被當作賭神來崇拜。

神社內的繪馬大多是特別的銀杏葉狀，一來是因為社境內有一株樹齡超過兩百年的銀杏樹，二來是銀杏葉的金黃色讓人聯想到「金」，於是造就了御金神社特殊造型的銀杏型繪馬。

信徒們來到這裡當然是為了錢！在神社的手水舍旁都有放置小竹簍，這些小竹簍就是要讓大家把錢放在裡面，將神水澆淋在錢上，不過請先完成一般的參拜流程，最後再來進行洗錢的儀式。

如果覺得光是洗錢還不夠，神社也提供了「強力財運道具」，受到某個京都出身的藝人大力推薦，御金神社的超夯財運道具「福財布」經常賣到缺貨，據說把尚未兌獎的彩券放在裡面就可以提高中獎率，或者先把錢放在福財布裡再拿去買彩卷就能提高中獎率，真是太神奇了！這個福財布有一年的「使用期限」，時間到了要拿回來更新。福財布有時需要到社務所購買，想購買福財布的人，建議在白天來比較妥當。

另外，神社的左側有個帳棚，這其實是「授予所」，基本上採無人看管的信任制，你可以選購自己喜歡的御守或繪馬，然後按照上面的「初穗料」把錢投入桌上的黑色鑄鐵箱即可，我想應該沒有哪個人敢拿了神明的東西還賴帳吧！

根據我的觀察，來這裡參拜的人不論穿著或談吐都非常「勝負師」，這裡果然是賭神養成所。

金色鳥居

滿坑滿谷的銀杏型繪馬

| | |
|---|---|
| 地址 | 京都市中京区西洞院押小路下ル押西洞院町６１８ |
| 交通 | 京都市營地下鐵東西線「二条城前」或「烏丸御池」下車，步行約８分鐘 |
| 開放時間 | 自由（社務所 10:00-18:00） |
| 拜觀料 | 無 |
| 周邊景點 | 二条城、神泉苑、白山神社 |

# 洗錢也要看日子

瑞光寺

位在深草的元政庵瑞光寺以斬斷孽緣而聞名，男女主角分別是元政上人和高尾太夫，元政上人原本是彥根藩的武士，與吉原的高尾太夫相戀，在那個時代這樣的格差式戀愛下場都很淒涼，像是「鳥邊山心中事件」*1的主角就是以殉情收場。但元政上人和高尾太夫更慘，格差戀愛已經夠辛苦了，竟然還有第三者介入，第三者竟然還是地位超高的仙台藩主伊達綱宗，後來高尾太夫因拒絕伊達綱宗而被殺害！*2

萬念俱灰的元政上人最後出家了，日後瑞光寺便成了斬斷孽緣的名所，想要斬斷孽緣或是戒菸、戒酒、戒電玩都可以來參拜元政上人墓，看到這裡你一定以為我是不是分類錯誤了，非也，現在就來介紹瑞光寺內知名的財運能量景點「白龍錢洗弁財天」！

白龍錢洗弁財天不單單可以強化財運，想要開運、健康、長壽也都能如願，只是和其他洗錢的地方稍有不同，求財運的人最好在「辰日」或「巳日」來洗錢，不知道哪天是「辰日」

或「巳日」的話，事先查一下萬年曆就好了，外面的告示欄也會告訴你近幾個月哪幾天是洗錢的好日子。

根據告示牌的洗錢教學，這裡洗錢的方式除了有日期上的規定外，還要求要洗紙鈔！所以建議大家隨身攜帶乾淨的吸水布，否則等到晾乾天都黑了（而且旁邊就是墓園），洗完擦乾後，摺好紙鈔放入神體袋就可以了。放進去的錢在每個「辰日」或「巳日」必須更新，這樣對財運才有加乘效果喔！

另外，瑞光寺的早開枝垂櫻也是小有名氣的，枝垂櫻和茅葺屋根的寂音堂合影是不少攝影師的最愛，此處遊客也不多，賞櫻時節不妨來走走吧。

小知識

介紹完這三個專門治療貧窮症的地方後，大家是否會覺得有點奇怪，為什麼日本求財的地方都會有「洗錢」的儀式？為什麼洗錢就會變有錢？

理由是這樣的，由於人類對於金錢充滿了慾望和執著，這些負能量是會帶來厄運的，一旦厄運上身，財運自然就不好，此時就要透過神水靈泉洗滌，淨化這些沾附負面能量的金錢，淨化後的金錢正能量滿滿，當然財運就會變好了。

白龍錢洗弁財天

| | |
|---|---|
| 地址 | 京都府京都市伏見区深草坊町4 |
| 交通 | JR「稲荷」或京阪電車「深草」下車，步行約8分鐘 |
| 開放時間 | 10:00-16:00 |
| 拜觀料 | 無 |
| 網址 | http://zuikouji.jiin.com/ |
| 周邊景點 | 伏見稲荷大社 |

1 「鳥邊山心中事件」歌舞伎腳本，講述江戶時期武士菊地半九郎和妓女阿染殉情事件。

2 一說高尾太夫是自殺。

# 收款調頭寸的守護神

## 赤山禪院

平安京的東北方「鬼門」有數道「防線」鎮守，由內到外分別京都御所的東北角「猿が辻」、祭祀猿田彥的「幸神社」，再來就是「赤山禪院」以及「比叡山延曆寺」。

赤山禪院是比叡山延曆寺的「塔頭」*1之一，本尊赤山大明神相傳是唐代從中國迎回的泰山府君，円仁大師與遣唐使一起到中國求學求法，回日本的途中遭遇許多危難，但都受到穿著紅衣、背著白羽毛箭的「赤山明神」庇佑而平安回國，弟子便依據円仁的遺命在現在地建立赤山禪院。

對觀光客而言，赤山禪院大概只是個賞楓的地方，但這裡有許多知名又有意思的活動，譬如專門為氣喘者祈福的「氣喘封印絲瓜加持」（へちま加持），或是很罕見的「念珠供養」（珠數供養），這裡也是「都七福神巡禮」福祿壽神的所在地，成為祈願商賣繁盛、長壽健康、消災解厄的名所。

日本有個商業習慣稱作「五十支付」（五十払い），將每月的五日、十日、十五日、二十日、二十五日視為支付款項、結算結帳、發薪水的日子，這個習慣據說就是源自赤山禪院，相傳江戶時代的商人每月五日到赤山禪院參拜後，收帳就會很順利，最後就演變成「五十支付」的商業行規；另有一說「赤山」可以唸做「syakusen」音同「借錢」，所以對於討債也很靈驗，當你缺錢要調頭寸，或是有人欠錢不還，就請赤山大明神來幫忙吧。

另外，赤山禪院境內有兩大念珠「正念珠」與「還念珠」，參拜時，心中想著你的祈願先從「正念珠」穿過，參拜完畢後再從「還念珠」通過，這樣願望就能實現。

| | |
|---|---|
| 地址 | 京都市左京区修学院開根坊町18 |
| 交通 | 叡山電鐵「修學院」下車，步行約20分鐘 |
| 開放時間 | 06:00-18:00 |
| 拜觀料 | 無 |
| 網址 | http://www.sekizanzenin.com/index.html |
| 周邊景點 | 修學院離宮 |

正念珠

1 塔頭，寺院的高僧死後在原寺院附近做為祀奉的地方，通常被視為原寺院的「支院」。

健康無痛篇

# 拔除你身心靈的苦

石像寺

位在千本上立賣的「石像寺」又稱釘拔地藏，在京都稱得上是香火鼎盛的寺院，進到寺內可以看到不少信眾走到大釘拔像前恭敬的禮敬，接著再到拜殿的正前方禮參。這裡的參拜方法很有意思，先到本堂旁拿取與自己年齡數量一樣的竹札，接著順時鐘繞著本堂走，每走一圈參拜一次並放下一個竹札，直到竹札放完就可以了；也就是說年紀越大繞越多圈，一點都沒有「博愛座」的精神啊（誤），話雖如此，還是可以看到好多老人家虔誠地繞行。

之所以稱作釘拔地藏主要有兩種說法：

一說是空海大師擔任遣唐使時，親自雕刻從中國帶回國的石頭，雕刻時希望能讓世人脫離「諸惡、諸病、諸苦」，因此稱作苦拔（くぬき）地藏，後來因發音訛傳變成釘拔（くぎぬき）地藏。

第二個說法大家就比較耳熟能詳，室町時期的大商人紀国屋道林，在四十歲時突然雙手劇痛，用任何方式都無法治癒，有一天，道林來到石像寺向地藏祈願，回家後地藏出現在他的夢中，告訴道林因為他前世釘稻草人詛咒他人，所以今生受此惡業果報，現已將此釘拔除。道林醒來後發現自己的手竟然不痛了，立刻跑去石像寺，發現地藏像前就放著兩支沾血的八寸釘！從此石像寺能夠為人拔苦除厄的信仰就廣為流傳。也因為這個傳說使石像寺的繪馬別樹一格，方形木框中有一支鐵鉗和兩支鐵釘，安置在本堂外壁上約一千餘個，煞是壯觀。

在本堂右側有個「賓頭盧尊者像」，跟東大寺的賓頭盧尊者有一樣的功能喔！如果身上有不適的地方，就摸摸賓頭盧尊者像相同的部位。不過有意思的是這尊賓頭盧尊者有一根棒子，我看見參拜者拿起棒子往身上拍打，我想應該也有同樣功能吧？

石像寺的住持本身也是臨床心理士，十幾年前就在寺內開設「心的諮商室」，他認為現代人的心理問題越來越多，就好像心中有個釘子一樣，所以成立這個諮商室來拔除「心」的釘子，寺門口右邊的看板會不定期更換祈福佛語，總能讓人感覺滿滿正能量！

本堂牆上滿滿的釘拔繪馬

地址　京都市上京区千本通上立売上る花車町503

交通　京都市巴士「千本上立賣」下車，步行約3分鐘

開放時間　08:30-16:30

拜觀料　無

周邊景點　櫟谷七野神社、齒形地藏、千本釋迦堂

# 健康長壽專治腹痛

## 新熊野神社

平安時期盛行前往熊野三山參拜的「熊野詣」*1，連皇族也不例外。後白河上皇*2從熊野勸請了神明，命令平清盛將當地的土石木材取來營建現在的「新熊野神社」。來京都的外地人常搞不懂，為什麼明明是「新」熊野，但發音卻是IMA（今）熊野？這是對應於原本的熊野三山是「古」＝「昔」，對照在京都的這個是「新」＝「今」，因此雖然字面上寫著新熊野但卻要唸成今熊野。

新熊野神社之所以與健康長壽有關，跟境內一顆樹齡長達九百年的「影向大樟」有關，相傳這棵樟樹是後白河法皇親手種植的，被視為熊野神的化身，即便已經九百歲，卻仍持續茁壯成長，因此有健康長壽、病魔退散的象徵意義，據說後白河法皇在親自種下這棵樹後沒多久，腹疾便不藥而癒，於是「影向大樟」就被視為「腹之神明」而有治療腹疾的效果了。

神社境內有一段從「影向大樟」切割下來的枝幹，被稱作「摩擦木」（さすり木），肚子有毛病的人記得去摸上一把；另外，平清盛的女兒平德子也曾在此祈求生產平安，所以這裡也被視為安產的神明。

摩擦木

| | |
|---|---|
| 地址 | 京都市東山区今熊野椥ノ森町42 |
| 交通 | 京都市巴士「今熊野」下車，步行約2分鐘 |
| 開放時間 | 自由 |
| 拜觀料 | 無 |
| 網址 | http://imakumanojinja.or.jp/index.html |
| 周邊景點 | 今熊野觀音寺、智積院、三十三間堂 |

1 熊野三山：熊野本宮大社、熊野速玉大社、熊野那智大社。京都「三熊野」即新熊野神社、熊野神社、熊野若王子神社。

2 根據紀錄後白河上皇一生共前往熊野參拜34次，是歷任天皇中的紀錄保持人。其次是後鳥羽上皇28次，鳥羽上皇21次，白河上皇9次。

容貌篇

# 名字很Kawaii的河合神社

位在下鴨神社南方的河合神社是下鴨神社的攝社，原名叫做「鴨河合坐小社宅神社」，因為所在位置是賀茂川和高野川的交流處，因此稱作「河合」，裡面祭祀的是神武天皇的母神「玉依姬」，有安產、育兒、結緣的功能（詳見第一章下鴨神社篇）。神社入口處有個大看板，上面寫著「女性守護　日本第一美麗神」，想當然爾，境內的一切都要讓女性從內到外、從上到下美個徹底。

想要祈求美貌的人，請先購入造型可愛的手鏡型「鏡繪馬」，拿著繪馬到旁邊的「御化妝室」（不是廁所），接著用自己常用的化妝品，把理想的容貌畫在繪馬的「表面」，如果沒帶化妝品也沒關係，現場有蠟筆或粉彩筆可以借，不過熱門顏色通常很快就被用完了，畫好後再把願望寫在「裏面」就大功告成，表裏兩面又寫又畫，這是為了讓女孩兒能夠表裡兼顧、內外兼修的意思。

神社本殿前還有一個白色的「御白石」，其表面滑潤，只要用手摸摸這個石頭再摸摸自己的臉，皮膚就會變得滑溜滑溜，還有美白功能（黑人怎麼辦），皮膚好人自然就漂亮囉！最後，再補充滿維他命C的木瓜海棠美人水（かりん美人水），整套療程就算完成了，一、兩千円就搞定，比去醫美中心還划算～另外，購入鏡繪馬時，會附上一包御供米，帶回家後記得煮來吃，嗯，這招跟台灣的宮廟還真像。

鏡繪馬

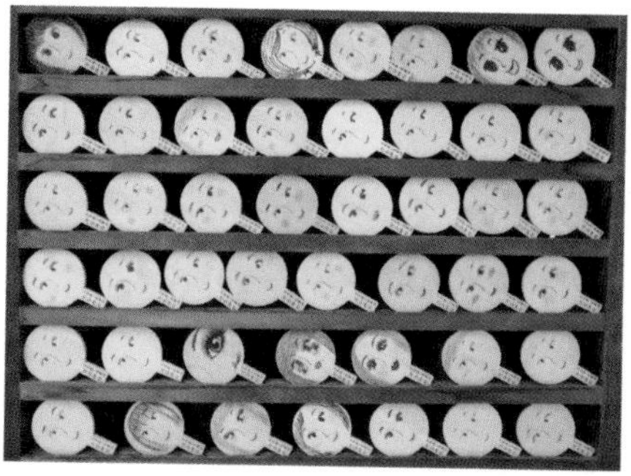

| | |
|---|---|
| 地址 | 京都市左京区下鴨泉川町59（下鴨神社境內） |
| 交通 | 京都市巴士「下鴨神社前」下車，步行約3分鐘 |
| 開放時間 | 06:00-17:30 |
| 拜觀料 | 無 |
| 周邊景點 | 下鴨神社、相生社、鴨川三角洲、幸神社 |

# 讓三千煩惱絲不再煩惱

## 御髮神社

在日本逛街的時候，你是否看過「床屋」的招牌？床屋不是賣床的，更不是什麼色色的店而是理髮廳，為什麼理髮廳要稱作床屋？這就得從御髮神社的主祭神藤原采女亮政之說起了。

御髮神社號稱日本唯一的頭髮神社，主祭神藤原采女亮政之是日本理髮業的祖師爺，猛一看名字以為是女性，但其實是一位男性。采女亮的父親晴基，在擔任皇居警衛時搞丟了寶刀「九王丸」，因而引咎辭職變成浪人，三個兒子中，老大和老二找到糊口的工作並在京都繼續尋找寶刀下落，老三采女亮則和父親一起浪跡天涯找尋寶刀。

晴基擔心寶刀流到海外，於是選擇在下關港落腳，剛好當時蒙古帝國橫掃歐亞大陸，忽必烈打算修理一下日本，因此許多武士為了防禦元朝大軍，全都來到下關集結，恰好這些武士的頭髮都需要打理一番，於是采女亮學了理髮，並在下關開了一間店，好好賺上一筆，由於采女亮的店在「床之間」（壁龕）掛有藤原家的掛軸，因此大家都叫那間店為「床屋」，後來床屋就成了理髮店的代名詞，沿用至今。

來御髮神社參拜的人大多是美容美髮業者，或是準備考取相關證照的人，再來就是頭毛有問題的人，觀察梳子型繪馬上的願望，禿頭問題算是大宗，顯然十個禿頭九個富這說法在日本行不通啊！

由於采女亮的生日和忌日都是十七日，從昭和時期開始，每個月的十七日就變成美髮美容業的公休日。不過每次看到御髮神社的繪馬總是讓我充滿疑惑，明明采女亮是男的，理髮的武士也是男的，為什麼繪馬上的圖案是留有一頭烏黑長髮的古代女性呢？

御髮神社梳子型繪馬

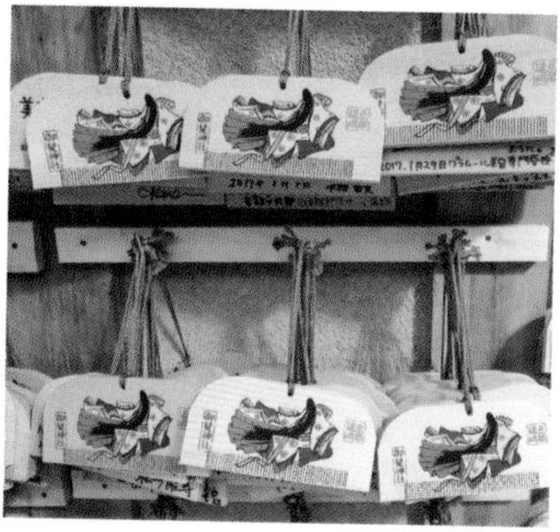

| | |
|---|---|
| 地址 | 京都市右京区嵯峨小倉山田渕山町10—2 |
| 交通 | 嵐電「嵐山」下車，步行約8分鐘 |
| 開放時間 | 境內自由 |
| 拜觀料 | 無 |
| 網址 | http://www.mikami-jinja.net/ |
| 周邊景點 | 常寂光寺、天龍寺、野宮神社、落柿舍、大河內山莊 |

# 連化妝品業者都得來朝聖

## 美御前社

美御前社是在八坂神社境內的攝社，祭拜的主神是傳說中的「宗像三女神」，宗像三女神是須佐之男命向天照大神建立誓約，證明自己是清白時所誕生的，因此象徵「清淨」、「潔白」。在過去神佛習合的時代，三女神中最美麗的「市杵島比賣命」，常被視同為七福神中唯一的女神「弁財天」，或美麗智慧之神「吉祥天」，成為集財富、才藝、美貌於一身之女神。

綜合上述原因，美御前社便有了祈求美麗的功能，化妝品業者、理容業者和京都的舞妓藝妓們都會來這裡祈願，美御前社最有名的莫過於社殿前方可以讓人身心皆美的「美容水」，據說只要把「美容水」在肌膚上滴兩三滴，皮膚就會變漂亮。

近年來關於美御前社的美容水有個奇妙的傳聞，那就是美容水竟有減肥的功能！當然不是拿來喝（告示牌都說不能喝了），而是用來塗在鮪魚肚上，然後搭配運動和調整飲食，就可以讓減肥效果如有神助般加倍奉還？！我想關於這個美容水可以瘦身的傳說，大家還是當作都市傳說聽聽就算了，畢竟在大庭廣眾下露出鮪魚肚得要有多大勇氣啊？

美容水

| | |
|---|---|
| 地址 | 京都市東山区祇園町北側625（八坂神社境內） |
| 交通 | 京都市巴士「祇園」下車，步行約3分鐘 |
| 開放時間 | 境內自由 |
| 拜觀料 | 無 |
| 周邊景點 | 八坂神社、円山公園、高台寺、知恩院、安井金比羅宮 |

求子安產篇

# 神功皇后的安胎石所在地

## 月讀神社

說來奇怪，同樣為「三貴子」之一，月讀尊的戲份遠遠比不上天照大神和素盞嗚尊，只知道祂是月神和掌握潮汐之神，《日本書紀》中提到祂殺了保食神而被天照大神厭惡，最後永不相見，因而世界有了黑夜與白天之分，然而月讀神社有安產利益的原因，卻是和日本第一女漢子「神功皇后」有關。

神功皇后的丈夫仲哀天皇原本要討伐不進貢的熊襲，可是神明卻指示要他別去攻打熊襲，應該去打比較有錢的新羅，可是仲哀天皇卻回嘴：「沒看到西方有啥國家，只有大海而已。」天皇不從因而激怒神明，之後就駕崩了＊1。

無可奈何之下，只好由神功皇后代夫出征討伐新羅，由於出征時皇后已近臨盆，為了不妨礙戰事進行，皇后將石頭綁在腹部「冰鎮」，藉以延緩小孩出生的時刻，祈禱勝利歸國後再生產，然後身著戰甲出海征韓。話說日本孕婦會在第五個月的「戌之日」進行安產祈願，接著帶上「岩田帶」的習慣就是源自神功皇后。

當時用來安胎的石頭「月延石」（或稱鎮懷石）傳說有三個，其中一個就在現在的月讀神社境內，想要求子或安產順利的人可以進入裡面撫摸神石祈願，也可以到社務所購入安產祈願石（一千円），直接在石頭上寫上夫妻的名字、預產期還有祈願內容等，然後擺在「月延石」上方即可。

祇園祭中的三十三座山鉾中，就有三座與神功皇后有關，前祭現身的「船鉾」是述說神功皇后「征伐三韓」的故事，被稱作「出陣船鉾」；於二〇一四年復活的後祭「大船鉾」則代表「凱旋船鉾」，還有一座與神功皇后有關的山鉾為「占出山」，即象徵安產。

1 另說為仲哀天皇攻打熊襲時敗亡。

月延石

| | |
|---|---|
| 地址 | 京都市西京区松室山添町15 |
| 交通 | 阪急「松尾大社」下車，步行約9分鐘 |
| 開放時間 | 境內自由 |
| 拜觀料 | 無 |
| 周邊景點 | 松尾大社、鈴蟲寺 |

# 在十二個狐穴祈求安產

## 產場稻荷（產婆稻荷）

位在超級觀光勝地伏見稻荷大社裏參道的產場稻荷，是稻荷大社的末社，也是孕婦祈求安產的地方，相傳以前這個地域是稻荷大神的神使「狐狸」生息的場所，狐狸們會在產場稻荷附近繁衍，因此過去這一帶就被稱作「御產場」。

在神社境內的基座下方，有著別有風趣的十二個土穴，據說母狐準備生產時，雄狐會挖掘洞穴作為生產與養育子狐的地方。這十二個土穴以順時鐘方向標註有一到十二的數字，代表著小孩的預產期月份，孕婦如要祈求安產，只要到標有預產期月份的土穴放入賽錢祈願即可；另外還有一個傳說，就是到神社旁的「產場茶屋」購買蠟燭，作為獻燈點燃供奉，把燒剩的蠟燭消火帶回家，在孕婦分娩時點燃蠟燭，就可以縮短陣痛的時間。

傳說中的狐穴

| | |
|---|---|
| 地址 | 京都市伏見区深草開土口町2 |
| 交通 | JR「稻荷」或京都市巴士「稻荷大社前」下車，步行約6分鐘 |
| 開放時間 | 境內自由 |
| 拜觀料 | 無 |
| 周邊景點 | 伏見稻荷大社、荒木神社、眼力社 |

# 以稻稈判斷胎兒性別

## わら天神宮（敷地神社）

わら天神宮的正式名稱是「敷地神社」，雖然稱作わら天神宮，但實際上與菅原道真的天神信仰系統沒有關係。わら天神宮的主神「木開花耶姬」，因為在火中小屋內順利產子（詳見第一章梅宮大社篇），因此被視為安產、求子之神。

傳說過去孕婦來這裡祈願後都會購入安產御守，御守裡面都會有一段稻稈，如果稻稈有節表示會生男孩，沒有節則代表生女孩，因而被暱稱為「わら天神」。本殿賽錢箱後方的柤柵上綁著許多白色的布巾，猛一看感覺有點驚悚，仔細一看原來是小朋友的「圍兜兜」（涎掛），都是祈願安產的婦女來還願的，可說是相當特殊的光景。

另一個境內攝社「六勝神社」，據說對於難度高的考試特別靈驗，雖然偶爾看到幾個像學生的人來參拜，但似乎仍比不上另一個「天神」香火鼎盛。

涎掛

| | |
|---|---|
| 地址 | 京都市北区衣笠天神森町10番地 |
| 交通 | 京都市巴士「わら天神前」下車，步行約3分鐘 |
| 開放時間 | 08:30-17:00 |
| 拜觀料 | 無 |
| 網址 | http://waratenjingu.com/ |
| 周邊景點 | 金閣寺、平野神社、北野天滿宮 |

# 苦差最拿手的汗出地藏

## 善想寺

位在六角大宮地區的淨土宗寺院善想寺，在寺門右側供奉著有許多傳說的「泥足地藏」，這尊地藏號稱有一千兩百年的歷史，由最澄大師所雕刻。

相傳滋賀縣坂本地區曾發生旱災，長時間的日照讓農民無法耕作，於是有個鄉民「作兵衛」便向地藏求雨，經過三天三夜的祈願，老天真的下雨了，偏偏這時候作兵衛竟然鬧肚子無法耕田，就在他深感懊惱的時候，村人告訴他有位和尚幫他把田種好了！？後來作兵衛跑去向地藏還願時，赫然發現地藏像的腰部到腳底都沾滿了泥巴，原來是地藏菩薩好人做到底，降雨兼耕田包套做好了！

後來泥足地藏搬到京都，有個叫「勘兵衛」的人因為妻子難產，於是跑去向泥足地藏祈願一個晚上，沒多久就得到妻子順產的消息，勘兵衛高興的來向地藏還願，發現泥足地藏臉上出現了許多水珠，勘兵衛才明白原來是地藏代替自己的妻子受苦了，從此泥足地藏就有了

「汗出地藏」的別名，也因此有了安產的祈願效果。

據說只要在泥足地藏前念禱《地藏菩薩心咒》，『嗡 哈哈哈 微三摩耶 梭哈』[1]唸足二十一次，你的願望就會實現，有興趣的朋友不妨試試看。

| | |
|---|---|
| 地址 | 京都市中京区六角通大宮西入三条大宮町２４０ |
| 交通 | 京都市巴士「堀川三条」下車，步行約５分鐘 |
| 開放時間 | 10:00-17:00 |
| 拜觀料 | 無 |
| 網址 | http://zensoji.or.jp/ |
| 周邊景點 | 二条城、神泉苑、武信稻荷神社 |

1 日語版本「おん かかか びさんまえい そわか」。

# 讓孩子好養育的守護神

## 劍神社

相信不少新生兒的爸媽或多或少都受過小孩夜啼、憤怒痙攣、氣喘、容易感冒等症狀的折騰，位在東山區的劍神社就是專門對付兒童雜症的守護神。

據說當初遷都平安京時，為守護京城東南方，在此埋藏了一把寶劍，因此得名「劍神社」，另一說則是過去在此處挖掘出鏡與劍（貴族陪葬品），後人將這些鏡和劍祭祀起來，故稱「劍神社」。

劍神社最有特色的地方在於繪馬的圖案是一公一母的「飛魚」，為什麼是飛魚也有眾多說法，一說是主祭神喜歡飛魚，其二則是飛魚是劍神社的使者，其三是飛魚的速度很快，所以願望也可以快速達成，但不論是哪一種說法，總之在劍神社祈願期間是不能吃飛魚的，只是現在想吃飛魚也沒這麼容易吧？

境內有個「撫石」，與其他神社寺社的做法大致相同，就是撫摸石頭後，再撫摸自己的患處就能治好病痛。

過去醫學不發達，認為小孩夜啼是因為疳蟲作怪，所以會到劍神社來「驅蟲」。劍神社每年十一月上旬都會舉行「三疳封印火焚祭」（三疳封じ），因為三疳和蜜柑的日文發音一樣，所以這天神社會烤蜜柑給參拜的人，據說吃了烤蜜柑的小孩就不會夜啼、感冒，這點倒是和中醫很相似呢。

## 小常識

在日本，有些媽媽寶寶網站會把每年十二個月的「戌之日」標示出來，自古以來，日本人相信孕婦在懷孕第五個月的「戌之日」都要到神社祈願安產，但為什麼是「戌之日」呢？

「戌」是十二生肖的狗，狗向來都是多產順產的，因此在「戌之日」祈願安產是為了祝福孕婦可以順產；另一種說法則是狗有保護兒童驅逐惡靈的能力，因此在「戌之日」祈願可以保佑胎兒不受外邪侵害。

劍神社

| | |
|---|---|
| 地址 | 京都市東山区今熊野剣宮町13 |
| 交通 | 京都市巴士「今熊野」或「泉涌寺道」下車，步行約5分鐘 |
| 開放時間 | 境内自由 |
| 拜観料 | 無 |
| 周邊景點 | 今熊野観音寺、泉涌寺 |

癌症篇

# 古代科學防治癌症的地方

## 狸谷山不動院

狸谷山不動院是京都東北「鬼門」方位的防線之一*1，此處供奉「吒怒鬼不動明王」，意思就是要叱退想進入京都的惡鬼，「吒怒鬼」的日文發音 TANUKI 與狸貓的 TANUKI 一樣，在這裡你可以看到滿坑滿谷的信樂燒狸貓像，是一個景色和名稱都很奇妙的地方。

說這裡是個很科學的祈求健康場所，是因為從入口一直到本堂*2，總共要爬兩百五十個階梯，沿途還有狸貓們、七福神和大師像為你打氣，過程相當歡樂，而且醫學證明多爬樓梯有益健康，你說是不是很科學？但不常爬樓梯的我真的是爬到快厭世了。順帶一提，狸谷山不動院和京都市一同推出「健康之證」的集印活動，每爬一次兩百五十階就可以蓋一個章，累積十次就會頒給你健康之證喔，十次！？我一次就爬不動了啊。

狸谷山不動院另一個知名的效能就是「癌封」，每年的一月二十八日是「初不動」，狸谷山不動院都會提供免費的「癌封笹酒」給參拜者飲用，這酒放在青竹筒中，利用燃燒護摩木的火加熱，之後再從竹筒中倒出給參拜者，據說對於防癌和久病不癒者特別有效，也因為想喝幾杯都沒關係，所以又被稱作「狸谷飲放題」，不過酒後不開車，請運轉手們自我節制啊！

大約兩百九十多年前有位木食上人，他將寺內瀑布的水注入竹筒中讓病人飲用，後來病人竟不藥而癒。是說，青竹內含有維生素C和葉綠素等，有利於抑制癌細胞的成分，這樣說來喝笹酒封癌症也是挺科學的呢！據說桓武天皇的父親光仁天皇也有飲用笹酒的習慣，他六十一歲即位，是日本天皇踐祚年紀最大的，後來還健康的活到七十二歲。

狸谷山不動院的「願札」也相當有特色，只要在願札上面將自己不舒服的地方圈起來，寫上姓名和年齡即可，要是遇到「寡人有疾」的場合還真有點尷尬啊。

1 其他有：京都御所東北角的猿ヶ辻、幸神社、赤山禪院、比叡山延曆寺。
2 狸谷山不動院的本堂舞台與清水寺舞台一樣為懸崖造。

本堂

| | |
|---|---|
| 地址 | 京都市左京区一乗寺松原町6 |
| 交通 | 叡山電車「一乗寺」下車，步行約20分鐘 |
| 開放時間 | 09:00-16:00 |
| 拜觀料 | 500 円 |
| 網址 | http://www.tanukidani.com/ |
| 周邊景點 | 詩仙堂、八大神社 |

# 不治之症的最後希望

## 因幡堂（平等寺）

大約一千多年前，有個叫做橘行平的貴族，奉天皇敕命到因幡國進行參拜，回途中突然生病，為了病癒便向神明禱告，後來他做了一個夢，夢中有個怪異的僧侶告訴他前往賀留津打撈浮木，將浮木供奉起來病就會好。後來行平真打撈到一尊一百六十五公分高的藥師如來像，便在因幡當地蓋寺廟將之供奉起來，果然行平的病就好了。

橘行平回到京都後的某天晚上，他又做了一個夢，夢中的僧人告訴行平因彼此有宿緣將再會。行平醒來後，家人告訴他有客人來訪，行平問是誰？對方答道：「因幡來的僧人！」行平大驚，開門一看，竟是當初在海上撈到的藥師如來像！（如果把藥師如來換成市松人形就變都市傳說了），於是行平就將藥師如來像就地供奉，並將寺院取名為「因幡堂」，由於太過靈驗，從一條天皇開始就篤信藥師如來，到了高倉天皇認為藥師如來的功德遍澤世人，眾生平等，所以又將因幡堂命名為「平等寺」。（拜託不要再跟平等院搞混啦）

在古代醫療知識技術不發達的環境下，許多疾病都可能成為不治之症，當時的人如果得了絶症或不明病症，都會到因幡堂祈求康復，久而久之，因幡堂就成了重症者的最後希望，如今癌症的威脅如同過去的不治之症威脅著人們，因幡堂也就有癌封的威能了。

因幡堂

| | |
|---|---|
| 地址 | 京都市下京区因幡堂町728 |
| 交通 | 京都市巴士「烏丸松原」或京都市營地下鐵「四条」、「五条」下車，步行約5分鐘 |
| 開放時間 | 06:00-17:00 |
| 拜觀料 | 無 |
| 網址 | http://inabado.jp/ |
| 周邊景點 | 繁昌神社、菅大臣神社 |

防失智篇

# 專治頭病的觀音

## 今熊野觀音寺

二〇〇六年，渡邊謙主演的「明日的記憶」讓他得到日本電影金像獎男主角獎，這部電影便是描述早發性阿茲海默症患者的故事。由於該病症目前尚未出現有效的治療方法，在日本就有不少地方出現祈願防失智的神社寺院。

據說後白河法皇經常頭痛*1，便到今熊野觀音寺向十一面觀音祈願，某夜觀音竟出現在法皇的枕邊，沒多久法皇的頭痛就治好了，從此今熊野觀音寺就成為「頭的觀音」，以治癒頭病而聞名，這尊觀音不單單對頭痛有效，包含失智、健忘、中風，甚至兒童學習能力低下、注意力不集中、增長智慧等等，只要跟「頭」有關的問題都能解決。

在今熊野觀音寺販售的「枕寶布」很有意思，其實枕寶布就是枕頭套，把它套在枕頭上可以增進智慧，治療任何頭部問題。境內另有一尊專門提供失智封印的觀音（ぼけ封じ観音）供人參拜，寺務所販售的小石像可以將你自身的健康祈願（不限定跟頭有關）寫在石像上，然後供俸在失智封印觀音的右側，這樣觀音就可以就近照顧你啦！

此外，境內還有一口「五智水」，相傳為弘法大師以錫杖擊地所湧出的泉水，至今仍有飲用五智水就可治癒病痛的傳說。

| | |
|---|---|
| 地址 | 京都市東山区泉涌寺山内 |
| 交通 | 京都市巴士「泉涌寺道」下車，步行約10分鐘 |
| 開放時間 | 08:00-17:00 |
| 拜觀料 | 無 |
| 網址 | http://www.kannon.jp/ |
| 周邊景點 | 泉涌寺、東福寺 |

五智之井

1 關於這位天皇另一個「頭痛」的傳說請見三十三間堂篇。

# 智慧女性阿龜與防呆觀音雙重能量

## 千本釋迦堂（大報恩寺）

千本釋迦堂的正式名稱為「大報恩寺」，千本釋迦堂的名稱由來是因為本堂內供奉釋迦如來坐像，而這裡又鄰近千本通（千本通由來見北野天滿宮篇）故稱「千本釋迦堂」。千本釋迦堂的本堂是京都市區內最古老的木造建築，幸運地避過了應仁、文明之亂的戰火，原汁原味保存至今。

對台灣人來說，講到千本釋迦堂應該都會想到境內的「阿龜櫻」吧！既然提到阿龜櫻，自然就得敘述一下「阿龜」的傳說。

相傳本堂棟樑的工頭「高次」，因施工錯誤而感到苦惱，後來聽從妻子阿龜的妙計而脫困，但阿龜為了維護丈夫的名譽就自殺了（有這麼嚴重嗎！？），識大體的阿龜因此成為夫婦圓滿的象徵，寺內奉納各式各樣笑臉迎人的「阿龜像」。而大報恩寺就成了木工或建築業者參拜的聖地，祈願工程順利、防災防火，想要祈求夫婦關係圓滿的女性也會來到這裡。

這裡還有一尊失智封印觀音（ぼけ封じ観音），專門對付失智、記憶力衰退等毛病，仔細想想這裡的阿龜肯定是個頭腦靈活的女性，再加上失智封印觀音的能量，也許防呆效果會更加強大吧！

＝小常識

一九八四年，為紀念弘法大師入定一千一百五十週年，指定十個靈場為「失智封印近畿十樂觀音靈場」（ぼけ封じ近畿十楽観音霊場），其目的就是希望藉由旅遊與參拜的方式，活化國民腦力防止癡呆，其中本篇介紹的今熊野觀音寺、大報恩寺便是第一和第二靈場，也是唯二在京都市內的。

## 阿龜像

地址　京都市上京区七本松通今出川上ル
交通　京都市巴士「上七軒」下車，步行約5分鐘
開放時間　09:00-17:00
拜観料　無
網址　http://www.daihoonji.com/
周邊景點　千本閻魔堂、石像寺

婦女病篇

# 只有女人才懂女人的婦科聖手

## 粟嶋堂宗德寺

位在京都車站附近的粟嶋堂是以守護女性聞名的地方，相傳粟島（嶋）明神是天照大神的第六個子女，後來嫁給了住吉大神，但是因為染上了婦女病而被流放到淡島，於是便發願要救助所有受婦女病所苦的女性；另一說淡嶋明神是「少彥名命」，被視為醫藥之神，當然對於疾病非常靈驗，只不過「少彥名命」是男神，作為婦科聖手不知道會不會有點害羞呢？基本上在這裡只要和女性有關的，如：安產、不孕、婦女病、花柳病都很靈驗，如果女性朋友有什麼不太方便的地方，不妨來這祈願一下吧！

與淡島（嶋）信仰的總本社一樣，這裡也有人形供養服務＊1，家中有不要的娃娃都可送到這邊處理，不管是什麼樣子的，從市松人偶、布偶玩具到陶瓷娃娃都可以，寺內還接受郵寄服務，嗯，雖然放在人形舍數量不算多，但仔細一看還是蠻醒腦的。

人形供養的人形舍

| | |
|---|---|
| 地址 | 京都市下京区三軒替地町124 |
| 交通 | JR京都「京都」下車，步行約10分鐘 |
| 開放時間 | 09:00-17:00 |
| 拜觀料 | 無 |
| 網址 | http://awashimado.or.jp/index.html |
| 周邊景點 | 京都車站、西本願寺、東寺、梅小路公園、京都塔 |

1 位在和歌山市加太的淡嶋神社是全國淡嶋信仰的總本社，因本殿被滿滿的娃娃佔據而聞名，概略統計境內供養的娃娃約有兩萬個。

不倫封印篇

# 可遠觀不可褻玩的「石神」

## 幸神社

幸神社又稱「出雲路道祖神社」，由於主祭神猿田彥大神為道祖神鎮守京都的東北方，故又稱作「塞之神」，而「塞」與「幸」的發音一樣，就這樣變成「幸神社」了。桓武天皇遷都平安京後，幸神社也成為鎮守鬼門的神社之一[*1]。由於猿田彥命曾在天孫降臨時指引瓊瓊杵尊，並與天鈿女命結為夫妻，所以一般祭祀猿田彥的神社通常也會看到天鈿女命。

既然是祭拜夫妻神，那麼求姻緣和夫婦和合也是必然的，但是幸神社不只可以求姻緣，還可以防止不倫、外遇。

位在神社境內東北角的「石神」，傳說擁有巨大的靈力，在平安時期就被視為神體，只要向其參拜就可以獲得良緣。日本狂言「石神」，描述一位妻子想要與每天玩樂的丈夫離婚，而丈夫為了挽留妻子，就跑到幸神社假扮石神阻止妻子離婚的鬧劇，至於是不是這個幸神社的石神就不得而知了。總之，希望自己的另一半不要出去亂搞，來此向石神參拜就對了，但是千萬不要去觸碰祂，據說祂會生氣，不過現在石神已經被柵欄圍住，想摸也摸不到了。

我覺得比較合理的說法應該是幸神社遭遇過多次火災，每次神社被燒個精光，就只有石神毫髮無損，或許石神有「阻止」、「抑制」火的神力，既然大火都能禁制，那麼人的慾火估計也可以吧？這樣講會不會比較合理呢？

石神

| | |
|---|---|
| 地址 | 京都市上京区幸神町303 |
| 交通 | 京都市巴士「河原町今出川」下車，步行約4分鐘 |
| 開放時間 | 境內自由 |
| 拜觀料 | 無 |
| 周邊景點 | 京都御苑、下鴨神社、河合神社、相生社 |

1 為了鎮守「鬼門」京都東北方從京都御所、幸神社、赤山禪院、比叡山延曆寺（日吉大社）共安排了數道「防禦」系統，這些地方都有猴子（猿），因為猴子的日文與退除、消除的發音一樣。

# 愛的敗部復活大作戰

## 櫟谷七野神社

一天，宇多天皇的皇后藤原溫子覺得天皇對她越來越冷淡，於是來到這裡向神明祈願，夜裡夢見神明指示，要她在社殿前用白砂堆出三笠山的形狀，這樣就能挽回天皇的心。果然皇后按照夢中神明的指示去做，便取回了天皇的愛，真是可喜可賀啊。

是說古代天皇有個三宮六院很正常，充其量只能算皇后失寵，不能說天皇不倫，可是現代是一夫一妻制的社會，夫妻相處久了難免會有點生膩，男人便出現「七年之癢」的現象，定力不夠的就會吃外食，大老婆們犧牲青春的代價，竟然被外面的狐狸精取代當然不甘，除了在家釘稻草人外，或許就只能來這裡向神明傾訴了吧。

櫟谷七野神社的祈願方式很特別，叫做「社前高砂山祈願」，做法跟藤原溫子皇后一樣，只是堆的山比較小，神社準備了用塑膠袋裝的白砂，將白砂放到社殿旁的平台上堆出山的形狀，也就是所謂的「高砂山」，然後把姓名、地址、願望寫在袋內附的紙張，連同祈願費一千円（一個月）一起放進賽錢箱，這樣社方人員就會幫你祈願。雖然說是可以挽回感情，但對單相思也有功效，所以還在單戀的諸君不妨也來堆堆看吧！

現場還有很特別的「緣守」（縁まもり），緣守裡面附的白砂有斬斷孽緣的功能，只要把白砂偷偷放入你想斷絕關係的人的口袋或寢具裡，這樣就能和對方分手或離婚；反之，如果要讓另一半離開第三者，則是偷偷將白砂放入第三者的住所領域內，這樣另一半就會回到你身邊了，比找徵信社經濟實惠啊！

櫟谷七野神社

| | |
|---|---|
| 地址 | 京都市上京区大宮通盧山寺上る西入社横町277番地 |
| 交通 | 京都市巴士「天神公園前」下車，步行約10分鐘 |
| 開放時間 | 境內自由 |
| 拜觀料 | 無 |
| 網址 | https://www.ichiidaninanojinja.com/ |
| 周邊景點 | 本隆寺、妙蓮寺 |

頭痛篇

# 頭痛免吃藥

## 三十三間堂

現代人工作壓力大，用腦過度加上天天使用３Ｃ產品，頭痛根本是家常便飯，如果你常頭痛又不想吃藥，那就到三十三間堂祈願看看吧。

三十三間堂的正式名稱為「蓮華王院本堂」，其本堂內展示的風、雷神像、千體千手觀音像、二十八部眾像精美無比，栩栩如生，每次前往三十三間堂觀賞這些佛像總讓人讚嘆不已。

但為什麼三十三間堂會和治癒頭痛扯上關係呢？這就得從日本史上有名的老狐狸＊1後白河法皇說起了。

後白河法皇患有嚴重的頭痛，在熊野參拜後神明給法皇託夢，說他上輩子是一個叫做「蓮華坊」＊2的修行僧，因為修為極高，功德圓滿，所以這一世投胎當天皇，但因其遺骸頭骨沉積在河中，被柳樹枝穿過，只要風吹動柳枝攪動頭骨頭就會痛，後來果真在河中找到被柳樹穿過的頭骨，法皇將頭骨收納於千手觀音像中，並將柳樹作為樑柱使用，從此就不再頭痛，建成之後的三十三間堂便有「封印頭痛」的功能了。

至今每年的一月十二日到十八日中的禮拜日，在三十三間堂都會舉行「楊枝加持」的法事，過程中，高僧會用楊枝把觀音的淨水施灑於參拜者頭上，藉以消除參拜者的病痛，據聞這樣的儀式對於頭痛特別有效。

話說早在公元前四百多年，希臘人希波可拉底就發現將柳樹皮製成藥粉服用有鎮痛解熱的效果，在印度與中國的古籍也都有柳樹鎮痛的記載，或許老奸巨猾的後白河法皇早就知道這些資訊，於是拿自己的頭痛病和柳樹借題發揮一番，創造了這個自己當天皇是前世因果、天意不可違逆的故事也說不定。

| | |
|---|---|
| 地址 | 京都市東山区三十三間堂廻町657 |
| 交通 | 京都市巴士「博物館三十三間堂前」下車，步行約3分鐘 |
| 開放時間 | 08:00-17:00 (11/16-三月 09:00-16:00) |
| 拜觀料 | 600円 |
| 網址 | http://www.sanjusangendo.jp/ |
| 周邊景點 | 豐國神社、智積院、京都國立博物館 |

1 後白河法皇善弄權謀術數被源賴朝稱為「日本第一大天狗」。

2 三十三間堂別稱「蓮華王院」的由來，另有別名「頭痛山平癒寺」。

# 專治耳朵的疑難雜症

大光寺

大光寺供奉的藥師如來又被稱為「手接藥師」。藥師如來在日本一直被視為「耳之佛」，所以耳朵有什麼疑難雜症都可以來這裡祈願一下，像是耳道阻塞、中外耳炎、耳鳴、重聽等等，不單生理上的問題，像是幻聽或助聽器老是出問題都可以來這裡祈願，不知道想求個耳根清靜，或是希望自己耳根不要太軟行不行呢？

在大光寺還有一個有意思的地方，就是境內的日限地藏尊*1，所謂「日限地藏尊」顧名思義就是「可以指定日期達成願望的地藏」，所以許願的時候一定要將日期說清楚，譬如幾月幾日的考試可以合格，或是幾月幾日之前要達成什麼成就，據說只要一心祈願就會有不可思議的效果喔。

大光寺

| | |
|---|---|
| 地址 | 京都市伏見区東大手町778 |
| 交通 | 京阪電車「伏見桃山」下車，步行約6分鐘 |
| 拜觀料 | 無 |
| 周邊景點 | 本教寺、長建寺、月桂冠大倉記念館、御香宮神社 |

1 日限地藏信仰源自安土桃山時代，在京都市區的地福寺、安祥院也都有日限地藏。

齒痛篇

# 想要無堅不摧的大鋼牙？

## 齒形地藏

京都的千本鞍馬口公車站附近有個很小的地藏祠，雖說是地藏，但本尊其實是一尊如來佛坐像，材質為花崗岩，這尊地藏的歷史可以追溯到江戶時代，是京都四十八願所中的第十八個。

這尊地藏原叫做「逆川地藏」，這個逆川是紙屋川的支流，跟台灣台東的「水往上流」一樣，京都盆地的地勢北高南低，河流普遍都是由北向南流動，如鴨川、桂川都是往南流，只有這條逆川水往北流，配合近代的道路工程被蓋成溝渠，現在逆川地藏的位置也不是原本的位置。

逆川地藏為什麼又叫齒形地藏呢？這和一名第六感強烈、忌妒心旺盛的女人有關。傳說有對夫妻就住在這尊地藏附近，丈夫是一位熱心於事業，在街坊間大受好評的建築師（大工），放在現代可能會像大仁哥那樣有人氣，妻子當然會覺得丈夫條件這麼好，一定會有狐狸精糾纏，非常沒有安全感。

某日，天空烏雲密布下著大雨，丈夫晚回家了，妻子決定帶著傘去丈夫上班的地方探班（監視），竟撞見自己的丈夫和年輕貌美的女子親密的共撐一把傘，妻子妒火中燒，立刻爆氣呈現鬼神狀，以手刀衝百米的速度迎上前，揪住丈夫想要理論，未料建築師被突如其來的狀況驚嚇到（這肯定心裡有鬼啊），拔腿就跑，躲到逆川地藏的背後，憤怒的妻子追了上來，一把抓住丈夫的肩膀狠狠咬一口，或許是天色昏暗又氣到神智不清，咬到的其實是逆川地藏像！待妻子回神之後，石像上已經留下了齒痕和牙齒，牙齒就這樣卡在裡面拔不下來！？（那是花崗石材質耶！）

直到有位高僧經過這裡，看到地藏的樣子覺得很可憐便念經祝禱，才讓那顆牙齒脫離了石像，但牙齒掉下來後，那位妻子也往生了。說真的，丈夫外遇，妻子遭災這不合理啊，但從此以後逆川地藏就有了齒形地藏的別稱，也成為牙齒的守護神，經常牙痛的人可以到這裡參拜一下，啃得動花崗岩的牙齒我也想要一副啊！

齒形地藏尊

| | |
|---|---|
| 地址 | 京都市北区千本通鞍馬口上ル東側 |
| 交通 | 京都市巴士「千本鞍馬口」下車，步行約1分鐘 |
| 開放時間 | 境內自由 |
| 拜観料 | 無 |
| 周邊景點 | 石像寺、千本釋迦堂 |

# 搞定天皇的牙痛

## 白山神社

俗話說「牙痛不是病，痛起來要人命」，這可是真真切切的形容啊，尤其是蛀牙這種不可逆的症狀，一旦蛀牙就不可能自體恢復，古代醫療技術不發達，從許多木乃伊身上都有蛀牙的情形就可見一斑。那麼生在古代遇到牙疼時該怎麼辦？雖然很久以前就有所謂的「口中醫」，不過那是王公貴族才能享有的，一般庶民除了用草藥鎮痛或拔牙外，大概也只能求神拜佛脫離苦痛了。

日本人相信到白山神社祈願可以減輕牙病的痛苦，至於白山神社為什麼跟消除牙痛有關則是眾說紛紜。比較常見的說法是白山的發音為「HAKUSAN」，與日文的「齒苦散」相近；而另一個比較俗民的說法就是「HAKUSAN」是「齒臭」（牙齒有病就會臭）音變而來，不論哪個原因，白山神社都被視為可以消除牙齒病痛的聖地，自然也被日本牙醫和相關器材業者所信仰。

過去一些公卿喜歡用鐵漿把牙齒塗黑視為風尚，在塗鐵漿時也要用白山神社的神楊枝

（牙刷或牙籤）塗抹。有關白山神社最有名的傳說，莫過於日本最後一位女天皇後櫻町天皇了，天皇深受牙痛之苦，宮中女官就用從白山神社求來的神筷，將神鹽塗抹在牙齒上，竟然就治好了牙痛，嗯，看來後櫻町天皇應該是單純的牙齦發炎，啊！不對，是白山大神的神鹽威能太強大了。

京都的白山神社還有販售長壽筷組，裡面有長壽筷一對、筷架一個和神鹽，據說使用長壽筷可以保佑牙齒健康穩固。根據醫學統計，如果年紀達六十五歲，自然齒低於二十顆，罹患心血管疾病和失智症的機率會提高近兩倍！牙齒健康才會長壽，白山神社賣長壽筷真的是很合理也很合邏輯呢。

白山神社

| | |
|---|---|
| 地址 | 京都市中京区麩屋町通押小路下る上白山町２４３ |
| 交通 | 京都市營地下鐵東西線「京都市役所前」下車，步行約６分鐘 |
| 開放時間 | 境內自由 |
| 拜觀料 | 無 |
| 周邊景點 | 矢田寺、本能寺、御金神社 |

眼病篇

# 眼紅的地藏尊

仲源寺

京都最熱鬧的祇園地區，有個小小的寺廟「仲源寺」，這裡人來人往，因此很容易會被忽略，但如果你是重度的３Ｃ產品使用者，我真心建議你來這走走。是說仲源寺門口有個「雨奇晴好」的匾額*1，我總看成「雨奇暗好」，看來我真該進來拜一下了。

自古與京都市民生活息息相關的鴨川過去並不安分*2，連白河上皇都拿它沒辦法*3，而古代防洪技術並不發達，遇到豪雨鴨川氾濫必然造成重大傷亡，在京都還有一些地名與鴨川氾濫或整治有關，如：二股町（已廢止）、流石町（已廢止）、轆轤町等，平安初期甚至設置了「防鴨河使」，進行鴨川沿岸的堤防建造與管理。

鎌倉時期，某次鴨川氾濫，當時擔任防鴨河使的中原為兼向地藏祈求雨停，爾後靈驗而避免了洪害（一說是地藏神託才避免了洪害），為感謝地藏的恩德，故將地藏尊供奉於此，並稱之為「雨止地藏」。仲源寺還有個趣聞，如果前往八坂神社參拜時遇到下雨，只要來仲源寺躲雨，沒多久雨就會停了喔。

但這個「雨止地藏」跟治療眼睛毛病又有什麼關聯呢？原來室町時期有一對虔誠敬拜地藏的老夫妻，後來老先生得了眼疾失明，老太太竟對地藏發牢騷，沒想到因此得到神諭，要他們拿寺內的閼伽水回家洗眼睛，洗完眼睛後的老先生就重見光明了，當他們回到這裡還願（道歉？）時，竟然發現地藏的右眼變紅還流下眼淚！原來是地藏代為受苦啊！至今地藏尊的右眼仍是紅色的，前往參拜時一定要仔細觀察一下。

就這樣「雨止地藏」成了「目疾地藏」，另一個說法則是「雨止」（AMEYAMI）和「目疾」（MEYAMI）發音很像，久而久之訛傳變異就變目疾地藏了，嗯，果然還是傳說的情節比較動人啊。

不要忘記觀察地藏的右眼

地址　京都市東山区祇園町南側585—1

交通　京都市巴士「京阪四条前」下車，或京阪電車「祇園四条」，步行約3分鐘

開放時間　07:00-20:00

拜觀料　無

周邊景點　八坂神社、建仁寺、先斗町

1 「雨奇晴好」出自蘇軾的作品《飲湖上初晴後雨》，用來讚嘆西湖晴雨皆美。

2 鴨川過去也是「暴れ川」意指洪水、水害頻出的河流。

3 白河上皇的「天下三不如意」之一「賀茂川之水」就是鴨川。

下肢不便篇

# 專門解決下半身問題

## 護王神社

位於京都御苑西側的護王神社，專治下半身病症，特別是下肢不方便的症狀，這和主祭神和氣清麻呂有很大的關係。

日本史上曾發生一次差點讓天皇家血脈斷絕的危機，史稱「宇佐八幡宮神託事件」，事件中與稱德天皇眉來眼去的和尚「道鏡」差點當上天皇，偏偏被和氣清麻呂給阻止了，道鏡心有不甘，請愛人稱德天皇處罰清麻呂，挑斷他的腳筋並流放到鹿兒島，還在途中安排刺客暗殺他，想不到刺客正要下手時，突然出現三百隻山豬護駕，躲過暗殺的清麻呂前往宇佐八幡宮參拜，雙腿竟然又能行走了！因此，護王神社就有了足腰平癒的祈願效果。也由於清麻呂受到山豬保護免於禍害，山豬就被視為神使，所以神社境內皆以「狛豬」取代狛犬。

事實上，清麻呂除了挽救天皇血統這項功績外，還有另一項豐功偉業，他建議桓武天皇

靈豬像

遷都平安京，並擔任平安京的營造負責人，說他是京都的催生者也不為過。

護王神社的另一位祭神和氣廣虫是清麻呂的姊姊，她生性仁慈，曾收容藤原仲麻呂之亂後的八十三名孤兒，被視為日本第一個設立孤兒院的人，也因此護王神社擁有守護兒童的功能，被稱為「子育明神」。

有意思的是，神社中還祭祀著藤原百川，據說清麻呂被流放到九州的期間，藤原百川曾給予不少援助，甚至有人說清麻呂沒被刺客暗殺也是他的功勞，但也正是這個藤原百川搞出井上皇后這些怨靈，弄得平城京風風雨雨，據說最後他也死於怨靈作祟，此人還真是忠奸難辨啊。

| | |
|---|---|
| 地址 | 京都市上京区烏丸通下長者町下ル桜鶴円町385 |
| 交通 | 京都市巴士「烏丸下長者町」下車，步行約1分鐘 |
| 開放時間 | 06:00-21:00 |
| 拜觀料 | 無 |
| | http://www.goojinja.or.jp/ |
| 周邊景點 | 京都御苑、菅原院天滿宮 |

## 痔瘡篇

# 停止痔者千慮的痛苦吧

本教寺

正所謂「大丈夫有痔難伸，小女子有痔一同」，痔瘡不分內外痔都是難以啟齒又讓人咬牙切齒的隱患，有間隱藏在伏見大手筋商店街內的小廟，名為福昌山本教寺，此處供奉的秋山自雲靈神又稱「痔之神」可是日本全國知名的痔瘡聖手。

秋山自雲是江戶時期一位名叫岡田孫右衛門的人的法號，他在三十八歲時得到了嚴重的痔疾，用盡各種方法都無法治癒，後來落髮到寺廟裡專心念經，修行懺悔，但經過七年的煎熬仍不敵病魔，四十五歲就病逝了。臨死之前，秋山自雲說：「只要受痔瘡所苦的人向我祈願，專心念誦「題目」*1就必定讓他『痔癒』。」

後來孫右衛門的舊友也罹患痔疾，忽然想起他臨終前的遺言，抱著死馬當活馬醫的心情開始專心祈念，想不到短短兩個月就痊癒了！從此，秋山自雲靈神的信仰散布全國，也有一說是自雲和痔運的日文發音相近，所以有痔瘡的人來參拜可以得到好運。就這樣，秋山自雲靈神成為痔瘡剋星，當然不只痔瘡，對於下半身的問題也很有效喔。

秋山自雲祠

| | |
|---|---|
| 地址 | 京都市伏見区東大手町778 |
| 交通 | 京阪電車「伏見桃山」下車，步行約4分鐘 |
| 拜觀料 | 無 |
| 周邊景點 | 御香宮神社、月桂冠大倉記念館、大光寺、長建寺 |

1 題目，即日蓮宗、法華宗的「南無妙法蓮華經」。

# 喝茶消痔

## 地藏院（椿寺）

地藏院椿寺境內有一株相當美麗的「五色八重散椿」，古代的日本武士不喜歡椿花，因為椿花凋謝時是整朵花掉下來，感覺像被斬首一樣不討喜，但「散椿」凋謝是花瓣片片落下的，因此能被武士們接受。椿寺的這株椿花可以同時開出五種花色，故稱「五色」，原是加藤清正在朝鮮之役後獻給豐臣秀吉的，但第一代歷經三百多年已經枯死，現在的第二代也有百年歷史了，原本的第一代就被視為「椿大明神」。

椿大明神在日本是治療痔疾的神明，患有痔疾的人可以來椿寺敬拜椿大明神，取得椿花的葉片，煮水飲用就可以治癒囉！

## 地藏院

地址：京都市北區大將軍川端町2

交通：嵐電「北野白梅町」或市巴士「北野白梅町」下車，步行約3分鐘

拜観料：無

周邊景點：北野天滿宮、天津神社

番外篇

# 逆向操作的成功案例

## 安井金比羅宮

在京都旅遊總是可以根據你的慾望找到相應的寺社祈願，由於時代不同，過去農業社會祈求的不外乎豐收、子孫繁榮、商賣繁盛、身體健康等很實際的項目。隨著時代演變人們渴求的東西更多了，像是期待精神上的慰藉也就是「愛情」。每每看到一些神社打著結緣的旗號，就能吸引不少善男信女蜂擁而至，不得不說「愛情真是一門好生意」。

與許多神社主打結良緣相反，安井金比羅宮反向操作，藉著斬孽緣在市場上闖出知名度！安井金比羅宮雖在熱鬧的東山區，鄰近清水寺、祇園、建仁寺等知名景點，但是卻給人極為冷清的感覺，而且周邊都是love hotel根本就是製造孽緣的好地方吧？實在不知道怎麼跟斬孽緣聯想在一起。

官方說法是因為崇德上皇（京都三大怨靈之一）在保元之亂後，被迫與寵妃阿波內侍分開，為了不讓世人像他一樣飽受生離死別之苦，來這裡參拜就能把妨礙幸福的孽緣都斬

緣切緣結碑

斷；另一說則是崇德上皇流放到讚岐後，曾到金刀比羅宮祈願斬斷一切慾望，因而有斬斷孽緣的功能。

斬孽緣結良緣的方式很簡單，首先在「縁切り縁結び碑」旁的檯子上拿一張「形代」（白色符紙），並將一百円（以上）的香油錢投到賽錢箱中，接著把自己的願望寫在形代上，拿著形代由外面的「表」鑽向裡面的「裏」，代表斬孽緣，鑽過去之後，再反方向鑽回來，代表結良緣，最後用膠水把形代黏在石碑上，這樣就大功告成了。雖然這裡二十四小時開放，但不建議大家晚上來，因為晚上鑽石碑可能會被誤認成貞子，畫面有點嚇人啊。

這些形代和現場的繪馬所寫的內容，我就不推薦大家看，上面寫的東西往往驚世駭俗、負能量滿點，還以為自己在看灑狗血的鄉土劇。當然，斬斷孽緣的範圍不限於「人」（跟蹤狂也可以斬斷），想斬斷「物欲」也是可以的，戒菸、戒酒、戒網路成癮、賭博、久病纏身也都很靈驗；另外，社方表示夫妻或情侶來參拜時，不用擔心良緣會被斬掉，一起來參拜感情反而會越來越好。

| | |
|---|---|
| 地址 | 京都市東山区東大路松原上ル下弁天町70 |
| 交通 | 京都市巴士「東山安井」下車，步行約2分鐘 |
| 開放時間 | 境內自由 |
| 拜觀料 | 無 |
| 網址 | http://www.yasui-konpiragu.or.jp/ |
| 周邊景點 | 清水寺、八坂神社、六波羅蜜寺、惠美須神社 |

# 超偏激超驚悚的跳下清水舞台祈願法

清水寺

如果問到哪個建築物最能代表京都？我想清水寺舞台應該是不少人的首選吧！日本有句俗諺「從清水舞台跳下」，表示抱著必死的決心，或者是背水一戰的覺悟，說真的光是站在舞台上往下看我就腿軟了，更別說要從高達十二公尺的地方往下跳，不過實際上真的有人往下跳過，而且人數還不少呢。

根據《清水寺成就院日記》的記載，從江戶時代就開始出現「跳台」祈願法，這些「跳台者」並不是想不開，而是把「跳台」的行為當作祈願的方式。當時民間流傳只要向觀音祈願，然後從舞台跳下，如能活下來就表示願望可以實現，如果不幸死了也沒關係，觀音會接引你到極樂世界，感覺好像不論死活都贏啊！

《清水寺成就院日記》也針對「跳台者」做了統計，在一六九四～一八六四年間，共有兩百三十四人往下跳，但卻有兩百三十五次跳台紀錄，是的，有位女性朋友一個人就「貢獻」

了兩次，其中有三十四人被觀音姊姊帶走了，存活率竟然高達八十五%！？已知年齡者中，最年輕的是十二歲，最年長的是八十歲，十幾歲至二十幾歲的人佔七成，也是存活率最高的，而六十歲以上的跳台者則全到極樂世界報到了，所以說人真的要服老啊！

在浮世繪畫家鈴木春信的作品《從清水舞台跳下的女子》（清水舞台より飛ぶ女）中，一名女子雙手執傘跳下舞台，難道是把雨傘當作降落傘？當然不是啦，因為江戶時代還有個說法，只要持傘跳下清水舞台就能成就愛情，因此畫中女子是為愛跳台了，唉呦，這位姑娘啊，明明地主神社就在旁邊，何必用這麼激烈的手段呢？

有意思的是，根據記載第一個跳下清水舞台的人不是為了祈願，而是為了逃命。鎌倉時代《宇治拾遺物語》一書記載，有位名叫「忠明」的警察官＊1，在清水寺周邊巡邏時遇到一群無賴，對方人多勢眾竟然拔刀相向，忠明寡不敵眾便往舞台奔逃，走投無路的情況下，就拔了窗板跳下舞台因而逃過追殺；《今昔物語》一書則是記載忠明跳下舞台前，對本堂方向喊了「觀音菩薩請救救我」因而得救。跳台之所以會演變成一種祈願方式，跟這個故事多少都有點關聯吧。

一八七二年，京都府發布跳下禁止令，跳台事件就大幅減少了，是啊，多想一分鐘，其實你可以選擇較為溫和的祈願方式。

清水舞台

| | |
|---|---|
| 地址 | 京都市東山区清水一丁目 |
| 交通 | 京都市巴士「五条坂」、「清水道」下車，步行約10分鐘 |
| 開放時間 | 06:00-18:00（夜間拜觀時期至21:00） |
| 拜觀料 | 400円 |
| 網址 | http://www.kiyomizudera.or.jp/ |
| 周邊景點 | 地主神社、善光寺堂、八坂神社、美御前社 |

1 檢非違使。

# 第三章

# 五花八門的祈願診療法

# 今宮神社

阿呆賢

今宮神社是許多女性祈求麻雀變鳳凰的尋夢園，這與大力修復今宮神社的「桂昌院」有很大的關係。桂昌院從一介民女成為狗將軍（犬公方）綱吉大人*1的生母，如此奇妙的境遇，堪稱日本古代版的麻雀變鳳凰，也因此今宮神社的金龜婿御守大受歡迎，與其說來這裡求姻緣，不如說是想圓個當少奶奶的夢吧！神社境內的「織姬社」是西陣地區紡織業者信仰的神明，除了保佑技藝提升外，也因為七夕傳說被視為保佑遠距離戀愛的神明。

而說到今宮神社，不得不提到境內的奇石「阿呆賢」，阿呆賢一點都不呆，占卜的方式還很搞工，首先用手輕拍石頭三次，然後雙手將石頭抬起，感受一下重量再將石頭放回去，接著在心中默念自己想要祈願的事情，然後輕撫石頭三次，再將其舉起，如果第二次舉起的感覺比第一次輕，就表示你祈願之事將會達成。阿呆賢還有另一個功能，身體微恙的人，可以先用手撫摸石頭，再撫摸自己的患處，這樣就能早日康復了。

順帶一提，每年四月第二個週日舉行的夜須礼（やすらい祭），是為了祈求無病消災、惡靈退散的祭典，為京都三大奇祭之一。

阿呆賢

| | |
|---|---|
| 地址 | 京都市北区紫野今宮町21 |
| 交通 | 京都市巴士「今宮神社前」下車，步行約3分鐘 |
| 開放時間 | 09:00-17:00 |
| 拜觀料 | 無 |
| 網址 | http://www.imamiyajinja.org/top/index.html |
| 周邊景點 | 高桐院 |

1 德川綱吉非常孝順，但受其母親的影響頒布了莫名其妙的「生類憐憫令」，有武士因用吹箭射燕而被判處死刑，還有人以火銃打鳥被判切腹，而百姓密告殺狗者可得賞金三十兩等荒唐事蹟，搞得民眾雞飛狗跳，被稱為「天下的惡法」而綱吉也就得到了「犬公方」的諢稱。

# 伏見稻荷大社

## 重輕石

通過千本鳥居後即可抵達伏見稻荷大社的奧社奉拜所，這裡有參拜者發揮創意所畫的狐狸繪馬，在奉拜所的角落有一對石燈籠，它們不是一般的石燈籠，而是一個人品測試機「重輕石」。

重輕石的歷史和來源不詳，但在《萬葉集全注》中就有提到古代的石占法，以感覺石頭的輕重來判斷吉凶就是數種石占法之一。

重輕石的操作方法相當簡單，首先，投入賽錢（香油錢）後開始祈願，祈願完，雙手將石燈籠上方的「空輪」（圓形石頭）舉起，如果感覺很輕鬆，那就代表你所祈願的事情容易達成，反之，就是很難達成。話是這麼說沒錯，不過每次看到大家在那邊舉石頭，臉上總是冒出痛苦的表情，想必重量不輕，但是問他們感覺如何，卻又每個都說「很輕」，真讓人搞不清楚該相信他的表情還是他的回應。

每次看到重輕石我心中都有個疑問，如果是擲鉛球的選手來舉，會不會什麼願望都很容易實現？

重輕石

| | |
|---|---|
| 地址 | 京都市伏見区深草藪之内町68 |
| 交通 | JR「稻荷」或京都市巴士「稻荷大社前」下車，步行約3分鐘 |
| 開放時間 | 社務所 08:30-16:00 |
| 拜觀料 | 無 |
| 網址 | http://inari.jp/ |
| 周邊景點 | 眼力社、荒木神社、產場稻荷 |

# 三嶋神社

搖向石

位在京都東山區的三嶋神社，是眾人祈願求子、安產、夫婦圓滿的神社，相傳後白河天皇的皇后因為一直沒有辦法懷孕，因而向三嶋大明神祈願，結果在夢中見到一個身穿白衣的老翁，告訴她：「我將授予你一個男孩，但你必須在京都的東南角建造神社祭祀我。」果然沒多久皇后就生下一個男孩，也就是日後的高倉天皇，樂不可支的後白河天皇就命人在這裡建設了三嶋神社。

三嶋神社最珍奇的地方就是繪馬上的圖案是鰻魚，因為神社的祭神大山祇大神的使者是鰻魚（其實是水蛇）。日本神話中，以動物作為神的使者不算稀奇，但鰻魚使者算是少見的。據說來這裡祈願求子的人，到生產前都不能吃鰻魚，直到生產完才能吃鰻魚補充體力，過去為了向神明還願，人們會帶著鰻魚來神社參拜，然後放流到音羽川，直到現在這裡都還是日本鰻魚養殖業者的信仰中心。

大家來這裡求子的同時，當然也希望孩子將來可以出人頭地，神社境內的「搖向石」就為您提供了這項服務。傳說源義經為了打敗平氏，準備前去投靠奧州藤原氏時，就曾前來三嶋神社參拜，當晚他做了一個夢，一個白髮老翁告訴他：「你的願望可以達成，趕快前往奧州吧。」義經醒來後，再度前往神社，發現夢中老翁站的地方有個大石，就是這顆搖向石。孕婦來這裡撫摸搖向石，然後再摸摸自己的肚子，這樣就可以生出像源義經這樣了不起的孩子喔！（等等，那女生不就變成女漢子了？）

搖向石

| | |
|---|---|
| 地址 | 京都市東山区東大路通東入上馬町3丁目 |
| 交通 | 京都市巴士「馬町」下車，步行約5分鐘 |
| 開放時間 | 境內自由 |
| 拜觀料 | 無 |
| 周邊景點 | 清水寺、智積院、方廣寺、豐國神社 |

# 野宮神社

龜石

嵐山的渡月橋、竹林小徑與野宮神社，一直都是京都熱門的觀光景點，其中野宮神社雖然占地不大，但也是頗有背景的。

過去新天皇即位時，會「卜」選皇室中未婚的內親王擔任「齋王」，前往伊勢神宮祀奉神明，出發之前要先齋戒淨身近三年，野宮就是她們齋戒淨身的地方。自一九九八年開始，野宮神社在每年十月的第三個週日會舉行「齋宮行列」儀式*1，重現當時的盛況。

小小的野宮神社境內有很多神明，祈願項目五花八門，但因現任天皇次子秋篠宮夫婦及前早安少女組的保田圭都曾來這邊祈願求子，因此求子祈願成了野宮神社的熱門服務項目。

神社境內祭祀大黑天*2，相傳可以締結良緣，也因此處是「源氏物語」的關聯地而被視作祈求戀愛的聖地。大黑天就不多說了（詳見第一章地主神社），源氏物語主要在講有戀母情結的男人（光源氏）與眾女周旋的故事，男主角的狩獵範圍從熟女到幼女生冷不忌，男主角在此與最大怨女「六条御息所」離別，怎麼想都覺得野宮神社應該是男人祈求大受歡迎、斬斷孽緣（不想負責任）的聖殿吧！

在野宮大黑天旁有個黑色光滑的「龜石」，參拜完神社境內的神明，可以來這裡祈願，一邊念著自己的願望一邊撫摸龜石，據說願望就會在一年內實現，前去參拜時一定要親自試試看。

黑色原木鳥居是野宮神社的特點之一，採用麻櫟樹（橡木一種）製作，沒有進行剝皮處理就施作，屬於神明鳥居樣式，是日本最古老樣式的鳥居，因為木材未做處理，通常三年就要更換一次。

龜石

| | |
|---|---|
| 地址 | 京都市右京区嵯峨野宮町 |
| 交通 | 京都市巴士「野々宮」下車，步行約4分鐘 |
| 開放時間 | 09:00-17:00 |
| 拜觀料 | 無 |
| 網址 | http://www.nonomiya.com/ |
| 周邊景點 | 天龍寺、嵯峨野竹林、御髮神社、常寂光寺 |

1 前往伊勢神宮的稱為「齋宮」，前往賀茂神社的稱為「齋院」。

2 大黑天在日本「神佛習合」中被視為與大國主命同一神，所以有締結良緣的功能。

## 地主神社

### 戀占石

地主神社的戀占石年代久遠，經過地質鑑定，大約是繩文時代的石頭，為什麼這顆石頭會跟戀愛扯上關係就不得而知了，也不清楚為什麼要矇著眼走在這兩顆石頭之中。

不過鎌倉時代就有矇著眼從寺廟的一個門（或鳥居）走到另一個門（鳥居）的祈福或占卜方式，到了室町、江戶時代的某些古畫和文書記載中，也都有描述這種儀式，足見這種占卜方式在古代已經相當普遍，或許是受到這種儀式的影響，地主神社也出現了矇眼走戀占石的占卜方式＊1。

戀占石的占卜方式很簡單，首先把賽錢投入內側石頭後方的賽錢箱然後祈願，接著閉著眼睛走向外側的石頭，如果能一次就走到，那就代表你祈願的事很容易或很快就能達成，如果走兩三次才走到，就代表所求之事不易達成，或者你必須聽聽旁人的建議才有機會成功。有人問我如果走了N次還是走不到的話呢？我想應該可以報名競選清水寺的住持吧！

好幾次看到年輕女孩忐忑不安的緊閉雙眼，雙手在身前揮舞，試圖想要走到對面那顆石頭的樣子，心中的OS就是「人家說愛情是盲目的看來是真的」！有時候還會看到有人找自己的親友在旁下指導棋，「左邊一點，右邊一點」，喂！這完全是作弊啊！舉頭三尺有神明啊！

戀占石

| | |
|---|---|
| 地址 | 京都市東山区清水一丁目317 |
| 交通 | 京都市巴士「五条坂」、「清水道」下車，步行約10分鐘 |
| 開放時間 | 09:00-17:00 |
| 拜觀料 | 無 |
| 網址 | http://www.jishujinja.or.jp/ |
| 周邊景點 | 清水寺 |

1 在《清水寺参詣曼荼羅》圖中，就有一個來参拜的「男性」在兩顆石頭中走著，注意是男性不是女性喔。

# 西院春日神社

## 疱瘡石、椰石

西院春日神社有兩個奇妙的石頭，分別是「疱瘡石」和「椰石」，其中「疱瘡石」相當有名，傳說它治癒了淳和天皇的公主崇子內親王，相傳崇子內親王得到疱瘡（天花），以當時的醫療技術水準，得到天花等同得了不治之症，心急如焚的淳和天皇便跑到西院春日神社祈願，春日大神大顯威靈將崇子的天花轉移到疱瘡石上，不僅如此，原本得到天花會使人臉上有痲子的後遺症也一併處理，可說是一條龍的服務精神！而疱瘡石因為代替崇子長天花，從此變成一顆表面長滿痲子的石頭。

疱瘡石在明治時期因「神佛分離令」*1失蹤將近一世紀，那段期間，僅在歷代宮司口耳相傳卻沒有人見其真身，直到當代宮司在翻閱古籍時，根據古籍中形容的大小、形狀，才在本殿內找到疱瘡石，並讓它在二〇〇一年重見天日，每個月的一日、十一日、十五日會在本殿公開讓人參拜，當然也是可以觸摸的，疱瘡石有著身體健康、除病解災的功效喔。

境內攝社「還來神社」對於祈求旅行平安、尋人與尋物很靈驗，神社前方有顆「椰石」，是保佑旅人旅程平安的石頭，在出發前先去撫摸這個石頭，可祈求平安歸來；由於有「回歸完整」的意味，所以也被視為有恢復健康的效果，祈願後先摸摸椰石，然後再摸自己的患處即有療癒功效。遇到厄年＊2的人去摸椰石可以保佑當年平安喔。

疱瘡石

| | |
|---|---|
| 地址 | 京都市右京区西院春日町61 |
| 交通 | 阪急電車或嵐電「西院」下車，步行約5分鐘 |
| 開放時間 | 09:00-17:00 |
| 拜觀料 | 無 |
| 網址 | http://www.kasuga.or.jp/ |
| 周邊景點 | 山王神社 |

1 一八六六年明治政府循神道國教化方針，禁止神佛習合而發布的命令。

2 厄年類似我國習俗的犯太歲，但日本的厄年是固定歲數的而不是由生肖決定且男女有別。男性本厄為二十五、四十二、六十一，女性為十九、三十三、三十七，本厄前一年為「前厄」後一年為「後厄」。

## 梅宮大社

### 跨石、百度石

梅宮大社素以安產、求子靈驗而聞名。

境內深處有一對以求子靈驗聞名的「跨石」（またげ石），傳說大社的祭神之一「檀林皇后」當初前來祈願求子時，曾跨過這顆石頭，沒多久就懷了仁明天皇，因此跨石就有了求子安產的功能，想要祈求生子的話，必須夫妻一同前往參拜。另外，傳說檀林皇后在生產時，曾以大社社殿下方的白砂墊在產床下方以求安產，故神社也有販售裝有白砂祈求生產順利的「產砂御守」。

梅宮大社還有一對有趣的石頭「百度石」，這對石頭中間有石板路，百度石顧名思義就是在兩顆石頭中間往返一百次，如此一來祈願之事就會實現。這是由日本民間信仰「百次參拜」（百度参り）變化而來，原本是連續一百天前往同一間寺廟參拜祈願，但在講究效率的現代，連續參拜一百天幾乎是不可能的事，於是就演變出百度石這樣有效率的參拜法。神社的社務所售有計次專用的「紙縒」（こより，一百円），有錢有閒的朋友不妨前來試試。

百度石用紙縒

| | |
|---|---|
| 地址 | 京都市右京区梅津フケノ川町30 |
| 交通 | 京都市巴士「梅宮大社前」下車，步行約3分鐘 |
| 開放時間 | 09:00-17:00 |
| 拜觀料 | 無 |
| 網址 | http://www.umenomiya.or.jp/ |
| 周邊景點 | 松尾大社 |

# 藤森神社

## 旗塚

每逢梅雨季節，許多人都會到藤森神社欣賞盛開的紫陽花，藤森神社和日本史上最強女漢子「神功皇后」有著相當深厚的淵源。

神社內有個「旗塚」，據說是一千八百多年前，神功皇后「三韓征伐」勝利後前來，將當時出征用的軍旗與兵器埋在此處，這就是藤森神社的起源，也是為什麼藤森神社與「勝利」祈願有關。

江戶時期後期，《都名所圖會》的藤森神社中也描繪了旗塚，只不過在圖中的旗塚還是一棵樹，不是現在已經枯槁的樣子。

據說旗塚對於治療腰痛相當靈驗，大名鼎鼎的新選組局長近藤勇就經常來這祈求腰痛治癒，實在很難想像那位高喊「今晚，虎徹渴望鮮血呢」的局長大人腰痛的樣子；另外，藤森神社還有一件事跟近藤勇有關，就是他在這附近遭到御陵衛士殘黨狙擊（墨染事件＊1），如果你是新選組迷，不妨來這走走吧。

旗塚

地址　京都市伏見区深草鳥居崎町609

交通　京阪電車「墨染」下車，步行約7分鐘

開放時間　境內自由

拜觀料　無

網址　http://www.fujinomorijinja.or.jp/

1　墨染事件，1867年御陵衛士殘黨為報「油小路事件」之仇，在藤森神社（一說為丹波橋）附近伏擊近藤勇，近藤勇本身右肩中彈後在大阪療養。

## 天津神社

### 古代神籤

相信不少人在迷惘時都會到廟裡求神問卜，盼求神明指點迷津，其中抽籤算是最直接的方式。

在日本神社寺院的籤，一般都是「吉」、「凶」之分，然後再個別分等級，每間寺社的神籤吉凶等級都不同，神社本廳針對籤的吉凶分為六等：大吉、吉、中吉、小吉、末吉、凶，但也有寺社的籤多達十二種等級，除了吉凶外，在籤紙上面還有針對工作、戀愛、財運等項目的簡單說明，至於解讀後要帶走或是綁在神社境內，這沒有一定的正確答案。

天津神社以「古代不可思議神籤」聞名（某藝人介紹過後更有名），這裡的籤與我們常見的紙籤不同。首先由神社人員導引參拜，接著告訴神明你想問的事情，然後拿起籤筒充分搖動，接著將籤筒的籤詩（竹片）抽出，據說有一百多支籤，這部分和台灣很像，但天津神社的籤詩是直接寫在竹片上的，說是籤詩其實是竹片兩面各有一兩句難以識別的文字，須透過神社的社方人員進行說明，和其他寺社的神籤不同，這裡的籤詩沒有吉凶之分，也因為是竹片製作的，所以既不能拿回家也沒地方綁，只能借用現場提供的紙筆，將社方人員說明的內容記錄下來。

由於社方人員只會說日文，所以建議會日文的朋友前往，解籤費用則是隨喜，雖說是隨喜，但在對方眼皮下投錢壓力還是好大啊。

天津神社

| | |
|---|---|
| 地址 | 京都市北区平野宮本町89 |
| 交通 | 京都市巴士「衣笠校前」下車，步行約2分鐘 |
| 開放時間 | 08:00-17:00（11:30-13:00 休息） |
| 拜觀料 | 無 |
| 網址 | http://amatsu-jinja.jp/ |
| 周邊景點 | 北野天滿宮、椿寺、平野神社 |

# 梅丸大明神

## 平癒石

菅原院天滿宮據說是菅原道真的出生地，境內水井是道真公出生後的產湯取水處。江戶時期的探險家、考古家松浦武四郎將這裡列為「菅公聖蹟二十五拜」*1的第一號。

神社境內有個名字很好吃的「梅丸大明神」，相傳是對癌症相當靈驗的神明，這裡有顆「平癒石」，其來源是謎，出現的時間也不詳，一說是道真公的子孫留下的，另一說是某公卿留下的，也不知何時傳說對膿瘡、痘瘡和皮膚病很有效，估計是因為痘瘡暗瘡都是原本不該有的增生物，所以延伸到對付癌症這種惡性新生物也有效。祈願的方式和眾多神石一樣，先用心參拜然後以雙手撫摸神石，最後再碰觸自己身上有問題的地方即可。

與其他神石比較不同的地方在於這個平癒石可以「代摸」，首先向神社購入「紗布手巾」（ガーゼハンカチ，五百円），然後用這個手巾撫摸平癒石，之後將這個手巾送給需要梅丸大明神拯救的患者，讓他拿這個手巾擦拭患部一樣有效，不得不說這做法很聰明也很貼心，真不愧是祭祀道真公的地方，頭腦真靈光。

神社境內產湯的井戶旁，有一棵能同時開出紅梅和白梅的「源平咲」，賞梅時節來到這裡不要忘了欣賞一下喔。

平癒石

| | |
|---|---|
| 地址 | 京都市上京区烏丸通下立売下ル堀松町408 |
| 交通 | 京都市巴士「烏丸下立賣」下車，步行約1分鐘 |
| 開放時間 | 07:00-17:00 |
| 拜觀料 | 無 |
| 周邊景點 | 京都御苑、護王神社 |

1 松浦武四郎篤信「天神」也就是道真公，所以將日本全國二十五個跟菅原道真關係深厚的場所整理出來，其順序就是從道真公出生一直到神化，最後一個即是北野天滿宮。另，松浦也是「北海道」的命名者。

# 貴船神社

## 水占

貴船神社的「貴船」（KIBUNE）發音同「氣生根」，也就是「運氣生成的源頭」，貴船川作為鴨川的源頭，而鴨川造就了京都，有水才有生命，所以說這裡是京都的生命之源並不為過。

室町時代有個奇妙的愛情故事*1，描述一個人類貴族公子與鬼國公主的跨物種之戀，兩人歷盡艱辛險阻、重重劫難，終於結為夫妻，其文末這麼寫著，「當戀愛遇到迷惘困頓時，只要信奉貴船大明神，願望就能夠實現。」後來這兩位就成為戀愛守護神，所以貴船神社就變成求愛聖地。

傳說女文學家和泉式部曾到這裡祈願挽回丈夫的心，最後也真的如願，所以貴船神社也是祈求挽回愛情的好地方，是說以和泉式部精采的羅曼史來看，即便是現代女孩也難望其項背啊。

另一個與貴船神社有關的知名愛情故事就是「鐵輪」傳說了*2，唉，怎麼跟貴船神社有關的「愛」，一個淒涼一個淒厲，來這裡求愛情真的沒問題嗎？

貴船神社祭祀的是「水神」，占卜的方式自然也跟水有關。首先要到社務所奉納「水占」籤紙的費用（兩百円），然後從成疊的籤紙中挑出一張，接著走到社務所右側的「水占齋庭」，將水占放入池中，約莫二十至三十秒左右，籤紙就會浮現字跡。

近年來貴船神社在日本也是知名的能量景點，據說水占出奇的準確，到貴船神社一定要體驗一下。由於水占後的籤紙會溼答答的無法帶走，所以現在的籤紙上有QR code提供掃描，這樣就能隨時參考籤詩內容了，實在是貼心的設計。

| | |
|---|---|
| 地址 | 京都市左京区鞍馬貴船町180 |
| 交通 | 叡山電車「貴船口」下車，轉乘京都巴士至「貴船」下車，步行約5分鐘 |
| 開放時間 | 授與所 09:00-16:30 |
| 拜觀料 | 無 |
| 網址 | http://kifunejinja.jp/ |
| 周邊景點 | 鞍馬寺 |

水占

1 御伽草子《貴船の本地》。

2 詳見第一章番外篇。

# 單傳庵

## 塗鴉牆壁祈願法

八幡市有一個在寺廟裏面塗鴉也不會被抓走的地方「單傳庵」。據傳單傳庵建立於桃山安土時期，後來一八五四年毀於地震，在一九五七年重建大黑堂，重建當時因為得到各方協助，所以讓信眾可以在牆上寫下心願，祈求大黑天的庇佑。自此之後，前來參拜的人都可以在牆上寫下願望，因此又名塗鴉寺（らくがき寺）。

單傳庵的由來，據說是由一名叫做「單傳士印」的和尚建立的，故名單傳庵，跟北斗神拳的一子單傳一點關係也沒有。（應該也沒人會這樣想吧）

單傳庵腹地不大，一進寺院裡可以塗鴉的「大黑堂」就在眼前，進入堂內就能看到白牆上滿滿的塗鴉（願望）。每年的大晦日（十二月三十一日）都會重新粉刷牆面，所以越早來越能挑到好位置喔。

雖說是塗鴉但還是有規矩的，在大黑堂右側有一張桌子，上面放著單傳庵的簡介、一疊祈禱用紙、筆跟一個木框，桌子前方貼有塗鴉許願教學法。

首先，把你的願望寫在祈禱用紙上，上面要寫名字、住址等資料，拿起木框尋找要塗鴉的地方，木框是要讓你把字寫在木框範圍內，為了讓別人也可以塗鴉，請盡量把字寫小些，切記不能塗鴉在白色牆壁以外的地方，接著將祈禱的費用和參拜費用一起放到大黑天前的賽錢箱即可。不得不說，長得高的人較有優勢，可以寫的地方比哈比人多很多，唉，就連許願也是一寸長一寸強啊！

境內還有一座特別的「比翼地藏尊」，是兩尊地藏刻在同一塊石頭上，想求良緣者不妨參拜一下。

大黑堂內滿牆的塗鴉

| | |
|---|---|
| 地址 | 京都府八幡市八幡吉野垣內33 |
| 交通 | 京阪電車「八幡市」下車，步行約10分鐘 |
| 開放時間 | 六日、09:00-15:00 |
| 拜觀料 | 參拜料+祈願料 400円 |
| 網址 | 無 |
| 周邊景點 | 飛行神社、石清水八幡宮 |

## 車折神社

### 祈念神石

車折神社的主祭神清原賴業是個學富五車的儒學者，所以來這裡參拜祈願學問上達、考運亨通的人數自然不在話下。相傳賴業公是個信守承諾之人，承諾之事都必然會做到，演變至今就成了契約保護者，如果有人欠錢不還、周轉不靈，都可以來拜託賴業公幫忙*1。

近年車折神社成了京都極為知名的能量景點，因為媒體報導了神社的「祈念神石」，一夕間成了熱門商品，消災解厄、提升異性緣和人氣、金運無所不包，只要七百円就可以把神奇的祈念神石御守帶回家，實在是太划算了，不過祈願方式有點繁雜就是。

祈願流程：

1 先到境內的「清めの社」參拜。

2 前往社務所購入「祈念神石」。

3 前往本殿，雙手併持神石合十祈願。
4 藝人、提升才藝者，或是想變得有人氣的人則去藝能神社祈願。
5 隨身攜帶神石。
6 願望達成後，在山川或海邊撿顆石頭，把感念的話寫在石頭上，連同祈念神石御守送回（可郵寄）。

祈願時，一次最多可以許三個願望，神明會判斷重要性，依序幫你實現，每完成一個願望就要撿石頭去還願，重複一次上面的流程，不是等三個願望都達成才還願喔！

除了幫自己祈願，也可以替別人祈福，流程同上，祈願時要把對方的名字、居住地、祈願內容跟神明說（越具體越好），之後再把神石交給對方即可。如果不知道對方的願望也沒關係，只要祈願時將對方的名字和住所告訴神明，之後再把神石交給對方，讓他對著京都的方位祈願即可。說到這裡，忽然想到既然賴業公可以幫大家集資集客做生意，或許弄個「車折神社代客祈願」的服務會是一門不錯的生意喔。

還願的石頭數量驚人

地址　京都市右京区嵯峨朝日町23
交通　嵐電「車折神社」下車，步行約1分鐘
開放時間　境內自由
拜觀料　無
網址　http://www.kurumazakijinja.or.jp/
周邊景點　藝能神社

1 另一說為「賴業」兩字發音被引用有集金、集客（賴＝寄り；業＝成り）的意思，而認為清原賴業能保佑企業資金運用或募資順利。

# 惠美須神社

## 敲門祈願法＆福箕投籃法

生意人想要祈求商賣繁盛就一定得到惠美須神社走一趟了，這個神社充滿了商業氣息，並不是說這間神社很愛錢，而是你可以在這裡看到生意人該有的「態度」，舉個例子來說，境內有「錢包塚」和「名片塚」，兩者都是做生意的必需品，當它們功成身退後，當然也該有個像樣的歸宿。

來這裡一定要挑戰「福箕投籃」這項運動，神社的二之鳥居在額束的位置上有個惠美須像的「福箕」，如果能把賽錢投入福箕之中，你的願望就會實現，想來ＮＢＡ明星的願望應該比較容易實現了。投擲時請用五元以上的銅板，一円玉真的太輕了，風一吹就偏了啊！另外一個要注意的是，參拜惠比壽大神時，要先敲敲拜殿旁的木板，代表「敲敲他的肩膀」，據說是因為惠比壽大神年紀大重聽，因此必須敲敲他的肩膀，告訴他老人家你來祈願了，但因為之前這板子被人敲破過（根本拍肩拍到骨折啊），所以現在還特別標明請溫柔地敲之。

話說，從室町時期開始流行的「七福神信仰」就是從京都開始的，當時的七福神被稱為「都七福神」*1，惠美須神社的惠比壽大神就是其中之一，也是唯一屬於日本神道的神明。

二之鳥居上的福箕

| | |
|---|---|
| 地址 | 京都市東山区大和大路通四条下ル小松町125 |
| 交通 | 京都市巴士「京阪四条前」下車，步行約5分鐘 |
| 開放時間 | 境內自由 |
| 拜觀料 | 無 |
| 網址 | http://www.kyoto-ebisu.jp/ |
| 周邊景點 | 建仁寺、壽延寺、六波羅蜜寺、六道珍皇寺、安井金比羅宮 |

1 另外六個為松崎大黑天的大黑天、東寺的毘沙門天、六波羅蜜寺的弁財天、赤山禪院的福祿壽神、革堂的壽老神、萬福寺的布袋尊。

# 清水寺善光寺堂

## 首振地藏

清水寺仁王門的左方有個名為「善光寺堂」的小佛堂，供奉著一尊很特別的「首振地藏」，來這裡之前，建議大家準備好google map或是指南針，因為祈願時會派上用場。

首振地藏是清水寺七不可思議之一，這尊約五十公分的地藏像，最大的特色就是他的頭部可以三百六十度迴轉。

相傳江戶時期有個在祇園當「幇間」*1的人，名叫鳥羽八，這個人原本非常熱心，人緣極佳，在祇園這種花天酒地充滿誘惑的地方工作，最終成了散財童子，被債務壓得喘不過氣而死，祇園的藝妓們憐憫他，就將鳥羽八生前的自刻石像供奉在善光寺堂。被債務壓得喘不過氣的日文就叫「頭轉不動」（首が回らない），所以轉動地藏的頭，可以讓被債務追著跑的人獲得解脫。

當然不一定是要有債務或急需周轉的人才來求首振地藏，單相思的人也可以來（這是一個欠感情債的概念嗎*2），該怎麼做呢？合掌禮敬後，靜靜的將地藏的頭轉向心儀的人所在的方位，接著開始訴說心願，訴說完畢後，再將地藏的頭轉回原本的位置，合十再拜就完成了。知道為什麼要帶指南針了吧？前往清水寺時，可不要錯過這個小地方喔！

地藏的頭轉著轉著的過程中，我的腦海卻浮現大法師的橋段，真是罪過啊！

二代目首振地藏

| | |
|---|---|
| 地址 | 京都市東山区清水一丁目294 |
| 交通 | 京都市巴士「五条坂」、「清水道」下車，步行約10分鐘 |
| 開放時間 | 06:00-18:00 |
| 拜觀料 | 無 |
| 網址 | 無 |
| 周邊景點 | 清水寺 |

1 酒宴助興者。故首振地藏的手上拿的是扇子與一般手持佛具的地藏像不同，現在的地藏是第二代，第一代因為脖子被「轉斷」過所以現在收藏在二代後方的櫃子中。

2 首振地藏又稱待人地藏，祈願等候之人快快來到。

# 隨心院

## 文塚

說到隨心院一定要提到日本和歌能手、貌美如仙的絕世美人「小野小町」。作為美女的代名詞，「小野小町」出身成謎，比較奇妙的說法說她是小野篁的孫女（就是那位晚上從六道珍皇寺水井去地獄幫閻魔王審案的人），不過按照實際生歿年來計算不太可能就是了*1。

關於這個絕世美女最有名的傳說，就是她與深草少將的「百夜通」了。深草少將非常迷戀小町，小町於是出了個難題刁難對方，「連續一百天都來這裡拜訪她，就會接受深草少將的愛。」偏偏就在最後一個晚上，深草少將在途中遇到暴風雪而凍死，（這就是所謂的愛到卡慘死吧）。能劇「卒都婆小町」中，小町活到一百歲，已是看破紅塵、了悟人生的年紀，卻仍被深草少將的亡靈附身，發出「啊～只差一天啊～只差一天啊～」的呻吟……唉，前半黯然銷魂，後半悚然驚魂。

相傳小町晚年在隨心院度過，境內自然有不少遺跡與她有關，其中「文塚」是埋藏許多癡情男子寫給小町情書的地方，據說埋有一千封。來文塚祈願可以提升自己的文筆，寫情書如有神助，文思泉湧打動對方的心，所以靠爬格子混飯吃的人，或是想提升情書功力的人一定要來參拜一下。只是現在年輕人都是直接告白的，還有人在寫情書嗎？

文塚

| | |
|---|---|
| 地址 | 京都市山科区小野御霊町35 |
| 交通 | 京都市營地下鐵東西線「小野」下車，步行約8分鐘 |
| 開放時間 | 09:00-16:30 |
| 拜觀料 | 無 |
| 網址 | http://www.zuishinin.or.jp/ |
| 周邊景點 | 醍醐寺、勸修寺 |

1 小野小町出生於825年，而小野篁出生於802年，兩人相差25歲不太可能是祖孫。

# 六波羅蜜寺

## 水掛不動尊&錢洗弁財天

六波羅蜜寺地區堪稱是平家權勢達到頂峰的象徵之一，過去從六波羅蜜寺一直到方廣寺一帶都是平家宅邸的領域，數量據說高達五千餘棟。藤原信賴反亂之時，二条天皇也逃到這裡避難（六波羅行幸），足見這個地區不單是平家住所，也是軍政據點，至今寺內還有平清盛的墓塚*1，收藏著平清盛坐像，是清盛迷必訪的地方。

提到平家總會讓人聯想到他的死對頭源義經，正是他滅亡了平氏，但是在平家地盤的六波羅蜜寺中，竟供奉一尊和源義經有關聯的「水掛不動尊」。相傳義經在追討平家時，曾在這不動尊前祈願能戰勝平家，從此就有水掛不動尊可以祈願勝運、戰勝對手的傳說，不知道葬在此處的平清盛是否會向不動尊抱怨一下呢？

「錢洗弁財天」位在水掛不動尊的右側，將錢放在小竹簍中，然後用柄勺舀水，分三次淋在錢上，之後把錢妥當收藏在金運御守中即可保有好財運，切記不要把錢花掉，這和其他幾間洗錢的神社寺院有點不同。

這裡的寶物館除了收藏平清盛坐像外，也收藏了開山空也上人立像，據說上人經常手持鹿角杖，腳穿草履步行布教，不只佈教勸化世人，也會鋪路造橋或掘井取水，因而被尊稱為「市聖」，上人立像形容消瘦口念「南無阿彌陀佛」，一字一佛非常生動；另外，六波羅蜜寺也是「都七福神」中的弁財天所在。

| | |
|---|---|
| 地址 | 京都市東山区五条通大和大路上ル東 |
| 交通 | 京都市巴士「清水道」下車，步行約7分鐘 |
| 開放時間 | 08:00-17:00 |
| 拜觀料 | 無（寶物館６００円） |
| 網址 | http://www.rokuhara.or.jp/ |
| 周邊景點 | 壽延寺、安井金比羅宮、惠美須神社、六道珍皇寺 |

1 在日本至少有五處「平清盛塚」。京都市內的有兩個，分別在六波羅蜜寺與祇王寺（供養塔）。

## 市比賣神社

### 天之真名井

日本過去有所謂的「五十日、百日之祝」習俗，也就是在小孩出生後的第五十天或一百天，餵小孩吃「五十日之餅」、「百日之餅」，這樣小孩就可以健康長大，此習俗就是源自於京都的市比賣神社。

市比賣神社是平安時期京都的市場守護神，因為祭神中有被視為契約守護的宗像三女神*1，可以保佑大家生意興隆，維持商業信用，也因為神社中祭祀的神明都是女性，所以市比賣神社號稱京都最強大的女性守護神社，舉凡良緣、安產、求子等等，一應俱全。

神社中央有一口井，叫做「天之真名井」，是京都七大名水之一，過去作為皇子皇女誕生後的產湯，至今仍是茶會、插花、書畫展常用的名水。但這口井的功能可不只這些，它還是個許願池（許願池只是形容，可別真的丟錢下去）。市比賣神社販售的姬籤（八百円），因為長得像不倒翁，又被稱作姬達摩，可以採用兩種方式祈願，一是購入後將他當作御守隨身攜帶，另一個方式就是把自己的願望寫在姬籤上，放在「天之真名井」上頭，也可以喝口井水然後雙手合十祈願，這樣你的願望就會實現了。

天之真名井

| | |
|---|---|
| 地址 | 京都市下京区河原町五条下ル一筋目西入ル |
| 交通 | 京都市巴士「河原町五条」下車，步行約3分鐘。 |
| 開放時間 | 授與所 09:00-16:30 |
| 拜觀料 | 無 |
| 網址 | http://ichihime.net/index.html |
| 周邊景點 | 涉成園 |

1 宗像三女神為天照大神與須佐之男命在進行誓約時誕生。

# 北野天滿宮

## 大黑天的燈籠

北野天滿宮流傳著奇妙的「天神七不思議」，我覺得「大黑天的燈籠」最為有趣，這個石燈籠的底座上方刻有大黑天神像，相傳是江戶時代以「大黑屋」為首的當鋪聯合貢獻的。

據說，只要將小石頭輕放在大黑天像的口中而不掉下來，那麼你祈願之事就會達成，因為大黑天被視為財神，來求財的人只要將沒掉下來的石頭放在自己的錢包裡，未來就不會再為金錢問題而煩惱；也有許多考生會來試試自己的手氣，因為石頭不掉下來有不會落榜的意涵，藉以祈求考運亨通。根據本人的觀察，石頭可以挑小一點、表面比較粗糙的，成功機率比較高。

坦白說，每次看到這個大黑天像就會讓我想到西遊記的某個角色，或許就是因為心存不敬，我的小石頭才老是放不上去吧？

大黑天的嘴巴

| | |
|---|---|
| 地址 | 京都市上京区御前通今出川上る馬喰町 |
| 交通 | 京都市巴士「北野天滿宮前」下車，步行約1分鐘。或嵐電「北野白梅町」下車，步行約5分鐘 |
| 開放時間 | 05:00-18:00（10月—3月 05:30-17:30） |
| 拜觀料 | 無 |
| 網址 | http://kitanotenmangu.or.jp/index.php |
| 周邊景點 | 大將軍八神社、石像寺、千本釋迦堂 |

# 壽延寺

## 水洗地藏

距離京都五大花街*1之一的「宮川町歌舞練場」步行僅兩分鐘的壽延寺，有個相當特別的「水洗地藏」（洗い地蔵）。參道北方有個小小的「洗心殿」，裡面放置一尊約六十公分高的金色花崗岩地藏像（實際為淨行菩薩），據說只要向這個地藏祈願就可以解除病痛。

參拜方法很特別，首先到參道裏側的水井旁拿一個水桶，用幫浦打水，接著帶著水桶走到洗心殿，合掌向地藏祈願，告知自己的姓名以及想要治療的疾病，再用水杓將水淋在地藏像上，拿起放在洗心殿旁的棕刷，對應自己的患部刷洗地藏像，譬如經常頭痛就刷地藏像的頭部，邊刷洗邊祈願，這樣就完成祈願程序了。

話說此處因為離宮川町很近，過去有很多藝妓、舞妓都會來此參拜，只不過她們來祈求的不是身體健康，而是丈夫或戀人的不倫封印，因為淨行菩薩也有「潔淨」、「除穢」的意思，所以來這祈求另一半手腳「乾淨」很合理也很合邏輯。如果你也想要封印另一半的桃花，或許也可以來這裡試試。

水洗地藏

地址　京都市東山区北御門町254大黒町通松原下る
交通　京阪電車「清水五条」下車，步行約6分鐘
開放時間　06:00-17:00
拜觀料　無
周邊景點　惠美須神社、安井金比羅宮、六波羅蜜寺

1　京都五花街：祇園甲部、祇園東、先斗町、上七軒、宮川町。

# 山王神社

## 夫婦岩

山王神社佇足在嵐電山之內車站附近的住宅區內，境內有一棵七百年樹齡的楠木「山王楠」，神社本堂前的一對神石「夫婦岩」，傳說具有求子、安產、夫妻圓滿的功能。相傳一千多年前，延曆寺第三十六代住持良真來到此處時，這兩顆巨石就跟著從比叡山飛過來了。

夫婦岩為兩個巨石，左邊中間有凹陷者為女岩，右方直立體型較高的是男岩，實際上男岩有大部分是埋在土裡的，實際高度應該有五公尺。根據神社說法，想求子的人要先撫摸這兩個巨石，然後從左邊開始繞著巨石走三圈，如此一來就能一舉得子。如願得子後，再把小孩的名字寫在石頭上，放在女岩中央的凹窪處，這樣小朋友就可以平安長大且家族繁盛囉。

夫婦岩

地址——京都市右京区山ノ内宮脇町5
交通——嵐電「山ノ内」下車，步行約3分鐘
開放時間——境內自由
拜觀料——無

# 日向大神宮

## 天之岩戶

每到賞櫻時節，京都的蹴上傾斜鐵道就會出現大量的賞櫻人潮，但若再往山裡走一些，就有一個號稱「京之伊勢」的日向大神宮，過去通常只有登山健行者會來這裡，近年卻突然變成知名的能量景點。

日向大神宮位於山中，環境清幽甚至還帶點神祕感，如同三重的伊勢神宮，這裡也有內外宮之分，當然也得照規矩先從外宮開始參拜。爬上內宮的左側階梯末端就能看見「天之岩戶」，傳說天照大神因為弟弟素盞嗚尊的暴亂行為，氣得躲到岩洞之中，讓天地失去太陽的光芒，大地陷入黑暗，該岩洞就被稱為天之岩戶。

日向大神宮的天之岩戶裡有個戶隱神社，祭祀當初把天照大神揪出岩洞的「天手力男」。據說只要通過這個天之岩戶就能夠除穢，進而開運除厄，天之岩戶其實是個長約七公尺的L型隧道，內部窄小僅能容納一人通過，由於視線昏暗，通過時請注意自己的腳步，走過隧道後會有種重見光明的感覺，難道這就是重生的感覺？

日向大神宮也是賞楓的好景點，而且觀光客不多，賞楓時節不妨來這走走。

天之岩戶

地址　京都市山科区日ノ岡一切経谷町29

交通　京都市營地下鐵「蹴上」下車，步行約15分鐘

開放時間　境內自由

拜觀料　無

網址　http://www12.plala.or.jp/himukai/

周邊景點　蹴上傾斜鐵道、南禪寺

## 番外篇 另類祈願法

### 眼力社 目標達成橡皮擦

這一章介紹了許多需要「身體力行」的祈願方式，接下來跟大家介紹的則是幾個比較「現代化」或「另類」的祈願方式。

位在稻荷山上的眼力社，相傳針對眼睛的毛病特別靈驗，而且不單是生理上的眼病，舉凡眼光短淺、識人不清、沒有先見之明、沒有投資眼光等，非生理疾病同樣有效，日本投資達人「投資日報社」的鏑木繁就是這裡的信眾，所以眼睛不好、祈求眼科手術順利、眼科醫師、股市匯市的技術員，甚至是大公司的老闆都會來這裡參拜。

從奧社奉拜所一路往上爬，看到一隻姿態奇特的狐狸就表示已經到達眼力社了。

眼力社的正對面有間土產店，裡面售有與眼力社相關的另類商品，其中最特別的莫過於「目標達成橡皮擦」（目標達成消しゴム，四百円），據說這個橡皮擦對於文書工作者與考生特別靈驗。

祈願方法也很有趣，考生在讀書作筆記時，碰到錯誤就用這個橡皮擦擦拭，藉此消除犯錯率和雜念，橡皮擦的包裝紙寫著「祈願成就 目標達成」的字樣，彷彿催眠一樣示自己會成功，隨著橡皮擦越擦越小，就代表自己距離目標越來越。必須注意的是，不論橡皮擦變得多小，外包裝千萬不能裁剪，不然神明會生氣喔！另外，這個橡皮擦還有消除負能量的功能，當你覺得心情不美麗的時候，用鉛筆把負面情緒寫出來，再用橡皮擦慎重的擦掉，就能排解內心的負能量，實在是太神奇了，前往伏見稲荷大社的人，千萬別忘了到眼力社參拜一下。

眼力社距離千本鳥居有頗長一段距離，而且幾乎都是在爬階梯，真希望也有腿力社啊。

眼力社造型獨特的狐狸

目標達成橡皮擦

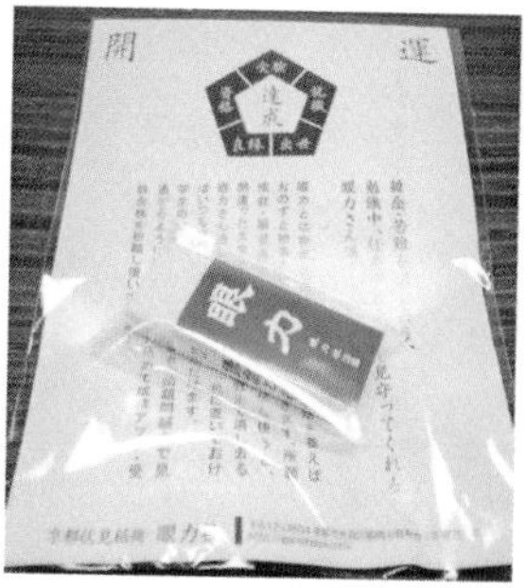


| | |
|---|---|
| 地址 | 京都市伏見区稲荷山官有地19眼力大社 |
| 交通 | 伏見稲荷大社奥社奉拜所步行約30分鐘 |
| 開放時間 | 土產店 09:00-15:00 |
| 拜觀料 | 無 |
| 網址 | http://www.ganrikisya.com/index.html |
| 周邊景點 | 伏見稲荷大社、荒木神社、產場稲荷 |

# 長建寺

## 令人臉紅的寶貝御守

伏見地區是京都知名的酒造地區，聞名天下的「月桂冠」也源自於此，除了酒造之外，「伏見十石舟」更是欣賞伏見壕川港町風情的最佳選擇，此處還有坂本龍馬遇襲的「寺田屋」，絕對是幕末迷不可錯過的地方。

就在伏見十石舟乘船處的附近，還有一個國內外知名的「長建寺」，深紅色的龍宮門和土塀非常顯眼，因為供奉著密佛「八臂弁財天」而被稱作「島之弁天」，過去是中書島遊郭地區女郎們的信仰中心，現在當然沒有這麼重的「粉味」了。另外，寺內還有一尊每十二年公開一次，極為特別的人頭蛇身「宇賀神將像」，在佛像迷中有著極高人氣。

讓長建寺聞名海外的其實是寺內販售的「寶貝御守」（辨財天開運通寶，七百円），這個御守是錢幣型的，一面寫著「弁財天長建寺」，另一面就是讓人有點害羞的構圖了，但是千萬不要想歪，要用正直的心態欣賞～說明書上寫得很清楚，中央上方的是「五輪」，由上而下

長建寺

是空、風、火、水、地，左右兩側則是大河，為什麼叫做「寶貝」？因為在錢幣出現之前，人類使用的通貨就是「貝」，所以與交易相關的字都會有「貝」，寶、買、賣、資、貨、財都是「貝」部，因此「寶貝」代表財富，反面的獨特外型象徵著「生命起源」、「生產力」、「子孫繁榮」，只要把寶貝御守放在錢包裡，就會錢生錢帶來財運，據說對婦女病也很靈驗。

長建寺的工作人員告訴我，不少外國人會特地來買寶貝御守，所以購買後寺方會給你一張英文說明書；順帶一提，長建寺的寺務所不見得都會開著，有需要就按一下櫃台電鈴，寺方人員就會出來招呼你。

寶貝御守

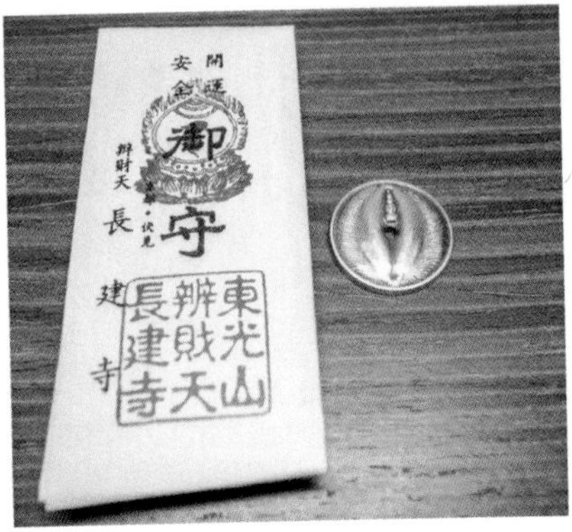


地址　京都市伏見区東柳町511

交通　京阪電車「中書島」下車，步行約5分鐘

開放時間　09:00-16:00

拜觀料　無

周邊景點　寺田屋、月桂冠大倉紀念館

# 飛行神社

## 紙飛機祈願法

飛行神社的創立者是日本最早發現固定翼飛行理論的二宮忠八，他也是日本第一個著手設計載人飛行具的人。一八九一年，他成功完成第一個飛行器的試飛，也就是烏鴉型飛行器（カラス型飛行器），就在他想更進一步設計出可以載人的「玉虫型飛行器」時，美國的萊特兄弟在一九〇三年就搶先一步完成了，當這個消息傳達到二宮耳裡時，為了不想被人批評自己做的是山寨版飛機，於是含淚停止開發玉虫型飛行器。後來全世界進入飛行時代，有鑑於飛行事故喪生的人數越來越多，於是二宮私費在自宅建造了飛行神社，祈禱世界飛行安全與發展，並給予空難犧牲者慰靈。

飛行神社境內有許多特別的景點，首先閃耀著銀色金屬光芒的鳥居，是用飛行機常用的「杜拉鋁」製作而成的，據說這也是日本唯一的杜拉鋁鳥居。境內充斥著飛機零件，有零式戰鬥機的螺旋槳、引擎，充滿希臘神殿風格的拜殿也是唯一。

不過既然是飛行神社，當然祈願方式也很與眾不同。這裡販售的「乘夢的神飛行機籤」（兩百円），必須先抽籤閱讀完籤紙內容後，再將籤紙按照看板上的折法折成飛機的形狀，最後再讓籤紙飛機飛過右手邊奉納鳥居內的茅袚圈即可，你可以站近一點投，沒人會笑你的。

另外還有一個專為打高爾夫球的人設計的「孔球守」（八百円），可以保佑你的球飛高高，一桿上果嶺而不會掉到沙坑或水池。

過去來飛行神社參拜的人多半是航空相關業者，近年也有一些考生跑來這裡參拜，因為祈願飛機不會掉下來就如同考試不會落榜，這和善峰寺的「不落守」*1有同工異曲之妙啊。

銀色鳥居

地址：京都府八幡市八幡吉野垣内33

交通：京阪電車「八幡市」下車，步行約6分鐘

開放時間：09:00-17:00

拜觀料：無

網址：http://hikoujinjya.kyoto.jp/

周邊景點：石清水八幡宮、單傳庵

1 一九五五年阪神大地震時有一段高速道路崩斷，一名巴士司機即時剎車才沒讓車掉下去，當時司機就帶著善峰寺的護身符，從此善峰寺的御守就有「不落」的功能了。

# 電電宮

## 比乖乖強大的防當機法

在台灣，只要是搞資訊的，特別是工程師都知道，在機房放一包綠色乖乖（不能過期），機房就會平安無事。可是日本沒有乖乖可以買，那日本的工程師該怎麼辦？答案就是到法輪寺的電電宮來參拜一下。

電電宮是法輪寺的鎮守社，祭祀著掌管電力、電氣、光源之神「電電明神」，神社在一八六四年的禁門之變被燒毀，一九五六年才重建。看看境內護持會會員的芳名板有NTT西日本、NHK大阪放送局、Panasonic……等，都是一等一的知名企業，電電明神果然威能驚人啊！

坦白說這個神社很現代化，舉例來說，境內的「電電塔」供奉著兩位對於電氣電波特別有貢獻的科學家愛迪生與赫茲，神社除了販售一般御守外，還售有「micro SD card御守」（一二〇〇円），裡面有虛空藏菩薩的圖案，保佑你的電腦不會出問題。另外還有「情報安全護符」貼紙（四〇〇円），貼在電腦上讓你不受駭客和木馬程式威脅，真的是走在時代尖端！我想不只是資訊工作者需要，就連我這種電器殺手也應該常來參拜一下，總不能每次電腦當機都怪罪水逆吧？

電電塔

| | |
|---|---|
| 地址 | 京都市西京区嵐山虚空蔵山町十六番地法輪寺内 |
| 交通 | 阪急「嵐山」下車，步行約9分鐘 |
| 開放時間 | 09:00-17:00 |
| 拜觀料 | 無 |
| 網址 | http://www.kokuzohourinji.com/dendengu.html |
| 周邊景點 | 渡月橋、法輪寺 |

# 第四章

## 食食人間煙火

## 一和

### 白味噌烤麻糬

來今宮神社參拜，鼻子靈光一點的人就會聞到陣陣炭香，循著香味而去，會發現有兩個店家正熱情的招呼客人，其中之一就是「一和」。一和是「一文字屋和助」的簡稱，創業於一〇〇〇年，是一家有千年歷史的老店，也是日本最古老的和菓子屋。

店家用剛做好的麻糬做成拇指般大小，插在竹籤上，沾上黃豆粉後於炭火上燒烤，最後再淋上白味噌醬就完成了，一人份有十五根（五百円附茶水），邊緣焦脆的麻糬內心卻很柔韌，加上鹹甜的白味噌沾醬，讓人一根接一根停不下來。一条天皇時期，京都曾發生瘟疫，天皇為祈求瘟疫停止而到神社參拜，當時一和就已經提供這個白味噌烤麻糬。

傳說京都在應仁之亂和鬧飢荒的時節，這個小小的白味噌烤麻糬也救了不少災民，所以當地人相信吃了白味噌烤麻糬就可以消災解厄、身體健康。相傳日本茶聖千利休也曾用這個烤麻糬當作茶點，組成新選組前身「浪士組」的清河八郎也品嘗過，並記錄在自己的旅行日誌「西遊草」內。

在一和，你可以選擇坐在室內或是屋簷旁，我個人偏愛坐在屋簷下，一來可以欣賞工作人員用熟練的手法烤麻糬，二來可以沉浸在炭烤香裡，尤其是在寒冷的冬雨中，看著裊裊炭煙與千年前的古人神交別有一番滋味。

店家熟練烤著麻糬

| | |
|---|---|
| 地址 | 京都市北區紫野今宮町69 |
| 交通 | 京都市巴士「今宮神社前」下車，步行約2分鐘 |
| 開放時間 | 10:00-17:00 |
| 休日 | 週三 |
| 周邊景點 | 今宮神社 |

# 笹屋伊織

## 銅鑼燒

創業於一七一六年，笹屋伊織相傳是東市（左市）地區最古老的菓匠，店內最有名的商品是只在東寺弘法市*1期間（每月二十、二十一、二十二日）限定販售的銅鑼燒（どら焼）。

這裡的「銅鑼燒」與我們常見的銅鑼燒不同，這個號稱「一子相傳」的代表茗菓，是笹屋伊織五代店長受東寺和尚的請託，製作甜食作為副食，於是利用銅鑼煎熟薄麵皮，層層麵皮中間包裹著紅豆沙，外形呈棒狀，最後再以乾竹葉包裹，由於製作過程手工繁複，所以當年只在弘法市當天販售。

食用時，用刀將銅鑼燒連同竹葉一起切開，寬度約一．五公分為佳，從切面看來就像樹木的年輪，竹葉的清香滲入麵皮之中，多層麵皮的口感略有彈性，中心的紅豆餡也不會太甜，是個相當不錯的茶點。

根據店家的介紹，銅鑼燒有各式吃法，譬如可以利用微波爐加熱食用、裹上炸粉炸成天婦羅，或是直接放入烤箱加熱更添芬芳，如果在弘法市期間參訪東寺，不妨帶上一捲銅鑼燒品嘗一番。

| | |
|---|---|
| 地址 | 京都市下京区七条通大宮西入花畑町86 |
| 交通 | 京都市巴士「七条大宮」下車，步行約1分鐘 |
| 開放時間 | 09:00-17:00 |
| 休日 | 週二 |
| 網站 | http://www.sasayaiori.com/ |
| 周邊景點 | 東寺、西本願寺、京都水族館 |

銅鑼燒

1 弘法市，每月21日在東寺舉行市集，每次約有1200～1300個攤位是京都地區規模最大的市集。

# 長五郎餅本舖

## 長五郎餅

每個月的二十五日是北野天滿宮舉行「天神市」的時候，市集中有間「長五郎餅」茶店總是排著長長的人龍。

長五郎餅創業於天正年間，至今已經有四百多年歷史。原本只是一個名叫「河內屋長五郎」的人在北野天滿宮境內販售的點心，後來在一五八七年豐臣秀吉平定九州，龍心大悅在此舉行北野大茶會（北野大茶湯），當時不問身分任何人都可以參加，也是在那時秀吉品嚐了這個點心非常滿意，於是賜名為「長五郎餅」。

結果北野大茶會只舉辦一天就突然停辦了*1，但長五郎餅卻一路流傳至今。

小小的長五郎餅外面是稍厚富有彈性的麻糬皮，裡面就是紅豆餡，兩三口就可以解決，來逛天神市時不妨買一個品嚐一下，非天神市期間可到本店採購。

長五郎餅

| | |
|---|---|
| 地址 | 京都市上京区一条七本松西（本店） |
| 交通 | 京都市巴士「北野天滿宮前」下車，步行約5分鐘（本店） |
| 開放時間 | 08:00-18:00 |
| 休日 | 週四 |
| 網站 | http://www.chogoromochi.co.jp/index.html |
| 周邊景點 | 北野天滿宮、天津神社、平野神社 |

1 據說北野大茶會原本預計舉行十天，但第二天秀吉就下令停辦，停辦原因眾多一般認為是肥後發生國人武裝暴動（一揆），另說是秀吉打算辦這活動和京都人搏感情，但京都人不買帳只好提前中止免得丟臉。

# 粟餅所澤屋

粟餅

一六三八年的刊物《毛吹草》就已記載著「山城名物北野粟餅」，而現在的「粟餅所澤屋」創立於一六八二年，是一間三百餘年的老舖。

粟餅是用小米作為麻糬的主材料，由於粟餅不能久放所以只能小量製作，偶爾還可以欣賞手工製作流程。店裡的粟餅有兩種，一種是用紅豆餡包裹麻糬做成丸狀（餡子），另一種則是做成條狀沾上黃豆粉（黃粉），兩種口味都口感極佳，延展性強且不會黏牙，紅豆餡、黃豆粉與麻糬的比例恰到好處，雖然可以外帶，但還是建議大家在店裡食用，畢竟在家吃可沒有茶店的氣氛。

每月的天神市以及日本考季期間，這裡都會人滿為患，不想排隊的人可以避開這些時段。

栗餅

地址：京都市上京區北野天滿宮前西入紙屋川町838—7

交通：京都市巴士「北野天滿宮前」下車，步行約1分鐘

開放時間：09:00-17:00（售完為止）

休日：週四、每個月26日

周邊景點：北野天滿宮、天津神社、平野神社

# 神馬堂

## 葵餅

上賀茂神社是京都三大祭之一「葵祭」的舉行場所，每年的五月十五日，穿著平安時期貴族服飾的遊行隊伍會從京都御所出發，一路前往下鴨神社、上賀茂神社，此處也是欣賞葵祭的最佳地點。近年上賀茂神社躍上媒體版面，應該是因為藤原紀香和片岡愛之助在此舉行婚禮吧。

說到上賀茂神社就會讓人想到神社旁的「神馬堂」，神馬堂以販售「葵餅」（一三〇円）而聞名，所謂的葵餅其實就是包紅豆粒餡的烤麻糬（やきもち）。

神馬堂創業於一八七二年，因過去上賀茂神社會奉納神馬，所以取名為神馬堂；而葵餅則是以上賀茂神社的神紋「葵」來命名，在神馬堂也只有賣葵餅而已。

葵餅的外皮是以江州米製作的麻糬，裡面包裹著用備中紅豆製作的內餡，在鐵板上充分加熱後，兩面的中央部分會呈現小麥色的焦黃，剛烤好的葵餅散發些微焦味，讓人食慾大開，不僅如此，餅皮意外的有彈性，越嚼越來勁，紅豆餡不會太甜，非常適合當作茶點，個人覺得熱的比冷的好吃，前往上賀茂神社參拜時千萬不要錯過。

葵餅

地址　京都市北区上賀茂御薗口町4
交通　京都市巴士「上賀茂神社前」下車，步行約3分鐘
開放時間　07:00-16:00（售完為止）
休日　週二下午、週三
周邊景點　上賀茂神社、社家街道、大田神社

# 加茂御手洗茶屋

## 御手洗糰子

在眾多老舖林立的京都中，加茂御手洗茶屋算是異軍突起了。創業於一九二二年，至今未滿百年，卻以一味「御手洗糰子」技壓群「老」，在京都人甚至是日本人心中佔有一席之地，實在不簡單。

一串五顆的醬油糰子，究竟有什麼魅力可以讓這間茶屋屹立不搖？據說御手洗糰子是以下鴨神社御手洗池中的水泡做為參考*1，五顆糰子*2中，第一顆與另外四顆有些距離是有原因的，在奈良本辰也的著作《京都故事物語》中有提到，第一顆糰子代表著頭部，其他四個代表四肢，吃了之後可以無病無災，可說是一種除厄身代的概念。

使用糯米粉製成的糰子，烤熟後表面略微焦黑，淋上黑砂糖勾芡的醬汁，味道簡單反而很受歡迎，在店裡直接享用，一盤三支作為小點心剛好，據說店裡的白味增雜煮也是一絕，胃還有空位的人一定要試試。

御手洗糰子

地址　京都市左京区下鴨松ノ木町53

交通　京都市巴士「下鴨神社前」下車，步行約2分鐘

開放時間　09:30-19:00

休日　週三

周邊景點　下鴨神社、河合神社、相生社

1 相傳後醍醐天皇發現御手洗池的水泡會先冒出一個大的，過段時間再連續冒出四個。據說御手洗池的水泡在接近御手洗祭（土用之日前後）時會突然湧出，這個奇特的現象也成為下鴨神社七不思議之一。

2 關東地區通常是四顆一串，原因可能是關東地區常用的貨幣有一枚一文和一枚值四文的「四文錢」兩種，當時糰子一顆一文，所以做成四顆一串方便使用「四文錢」交易。

# 双鳩堂

## 鳩餅

位在左京的三宅八幡宮，以「疳虫封印」、小兒夜啼、驅逐害蟲靈驗而聞名，因此還有「虫八幡」的暱稱，傳說鴿子是八幡神的使者，所以三宅八幡宮沒有狛犬雕像，改以狛鳩取代。

神社參道上有一間双鳩堂的茶屋，販售造型可愛的「鳩餅」，双鳩堂創建於一八八〇年，在京都算是一間年輕的店家，最初創業者北川源之助賣的是「鳩仙貝」，第二代才開始使用糯米粉，蒸熟做成糰子類的菓子，也就是鳩餅。這個鴿子造型的鳩餅有三種口味，白色是一般糖味、綠色是抹茶口味、褐色是肉桂口味，看起來光滑且略帶透明感，口感Q彈，有點像台灣的黑糖糕但更有彈性，味道樸素，是個簡單的甜點，配上綠茶或咖啡都很對味。

目前除了三宅八幡宮參道店以及修學院的本店外，在詩仙堂門口旁邊的小茶店也有販售。

鳩餅

地址　京都市左京区上高野三宅町22（參道茶店）

交通　叡山電鐵「八幡前」下車，步行約2分鐘（參道茶店）

開放時間　09:30-17:30

休日　無

周邊景點　三宅八幡宮

## 龜屋陸奥

### 松風

創業於一四二一年，龜屋陸奥應該是日本古代「應急食物」的發明者吧！一五七〇年大搞「天下布武」的織田信長，與當時最大的佛教武裝團體本願寺撕破臉，在今天的大阪城爆發長達十年的「石山合戰」。

戰爭進行到如火如荼的階段時，被包圍的本願寺出現斷糧危機，於是龜屋陸奥的第三代老闆，大塚治右衛門春近利用麵粉和白味增做成烤餅來代替兵糧，這個發明使守城兵士度過餓死危機，最後雙方和談結束戰爭。對於這個救命食物，本願寺的老大顯如還用和歌讚嘆了一番，之後就用詩中的「松風」二字作為它的名字，這個充滿歷史背景的應急食物還多次出現在司馬遼太郎的文學作品中。

松風是充分混合麵粉、砂糖、麥芽糖與白味增後，放入鍋中燒烤而成，烤好後切成片狀，外觀近似烤大餅，每一片的厚度約一公分上下，側面有許多空洞，表面有些焦香口感，相當有嚼勁，越嚼越有味。能在戰亂之中做出這麼好吃的應急食物，第三代老闆的頭腦真不錯！

松風

地址　京都市下京區西中舫通七條上ル蓤屋町１５３
交通　京都市巴士「七条堀川」下車，步行約１分鐘
開放時間　08:30-17:00
休日　週三
網址　http://kameyamutsu.jp/main.html
周邊景點　西本願寺、東本願寺、京都水族館

# 笹屋守榮

## 產餅

わら天神宮以求子順產聞名（詳見第二章求子篇），自然其門前菓子也和生產有關。創業於一九三七年，笹屋守榮生產的「產餅」（うぶ餅）是非常美味的甜點。

產餅的原料是北海道產的大納言紅豆，將顆粒餡料混在柔軟的蕨餅中，最後再撒上國產黃豆粉做成四角形，味道相當細膩，特別是蕨餅和紅豆顆粒的搭配，為口感增添些許變化，不論男女老少都應該會喜愛。另外，產餅的包裝設計成新生兒「產著」*1的樣子，外型討喜意味吉祥，來這裡祈願的孕婦總會帶幾個回家，拿來送禮祝福他人順產也是很不錯的伴手禮。

每個月的九日與「戌之日」，笹屋守榮都會在わら天神宮的神具庫營業，可以直接在茶席服用產餅。雖然叫做產餅，但男性也是可以吃的，請放心服用。

產餅

地址　京都市北区衣笠天神森町38番地

交通　京都市巴士「わら天神前」下車，步行約1分鐘

開放時間　09:00-18:00

休日　週三

網址　http://sasayamorie.com/

周邊景點　金閣寺、平野神社、北野天滿宮、わら天神宮

1 新生兒出生後的第一次穿的衣服或是第一次到神社參拜時穿的衣服。

# おせきもち本店

## おせき餅

大約在四百五十年前，鳥羽街道有個叫做「せき女」的美女，她會在茶屋製作一些麻糬甜點，放在編笠（日式斗笠）中給路過的客人食用，好吃的甜點撫慰了旅人的辛勞，於是大家就把せき女做的甜點稱作「おせき餅」（OSEKIMOCHI）。

一八六八年爆發戊辰戰爭，伏見鳥羽一帶變成戰場，茶屋也毀於戰火，直到一九三二年，才於現在的地點重新營業，成為廣受來城南宮參拜者喜愛的門前名物。據聞，幕末時期新選組局長近藤勇也曾來這裡品嘗おせき餅，看來局長大人喜歡甜點的傳說是真的。

おせき餅對於原料的要求極高，採用丹波大納言紅豆做成顆粒餡料，然後像編笠般蓋在麻糬上，麻糬是每天早上用滋賀產的糯米製作而成，有白餅和草餅兩種口味，彈性極佳，不容易用竹籤切開，兩種味道都與餡料搭配得恰到好處，由於未添加防腐劑，所以必須當日吃完，建議在店裡服用為佳，來城南宮時千萬不要錯過了。

おせき餅

| | |
|---|---|
| 地址 | 都府伏見区中島御所ノ内町16番地 |
| 交通 | 京都市巴士「城南宮道」下車，步行約3分鐘 |
| 開放時間 | 08:30-18:00 |
| 休日 | 週一、週二 |
| 網址 | http://osekimochi.jp/ |
| 周邊景點 | 城南宮 |

# 八幡走井餅老舖

走井餅

創業於一七六四年的八幡走井餅老舖，因使用湧泉「走井」的水來製作餡餅（包餡料的麻糬），故產品名為「走井餅」。最初在滋賀的大津開業，知名程度連安藤廣重的知名浮世繪《東海道五十三次》的「大津宿」就出現走井茶店的身影，在大津經營了一百五十年，後來才轉移到八幡市現地。

走井餅的造型獨特像一把刀，其由來是三条宗近*1用走井湧泉之水鍛刀的故事，因此有吃了走井餅可以遠避「劍難」（遭刀劍殺傷的災難）和開運的說法，因而受到旅人歡迎。走井餅的原料採用滋賀產的「羽二重糯米」，餡料則是用北海道產的紅豆，外皮香軟滑嫩有淡淡的米香，餡料恬淡適中，在店內食用可選擇搭配當地福翠園的煎茶或抹茶，前往石清水八幡宮參拜或是到背割堤賞櫻時，別忘了來品嘗這個曾獻給明治、昭和兩位天皇的美味。

走井餅

| | |
|---|---|
| 地址 | 京都府八幡市八幡高坊19 |
| 交通 | 京阪電車「八幡市」下車，步行約5分鐘 |
| 開放時間 | 08:00-18:00 |
| 休日 | 週一 |
| 網址 | http://www.yawata-hashirimochi.com/ |
| 周邊景點 | 石清水八幡宮、飛行神社、單傳庵 |

1 三条宗近，平安時代刀匠「天下五劍」之一「三日月宗近」的鍛造者，亦是祇園祭「長刀鉾」第一代長刀的鍛造者。

# 甘春堂（東店）

## 大佛餅

說到大佛，一般人都會想到奈良東大寺的大佛或是鎌倉大佛吧？但是京都曾經也有一尊大佛，位置就在今天的方廣寺，那尊大佛被稱為「京大佛」，建造大佛的發起者正是天下人豐臣秀吉。一五八六年開始動工，於一五九五年完工，這尊大佛高達十九公尺，比奈良大佛的十五公尺足足高了四公尺，顯然秀吉公是想把奈良大佛比下去，遺憾的是，大佛還沒開光，隔年就遇到大地震崩壞了。後來豐臣秀賴繼承父志鍛造新的大佛，於一六一二年完成，就在一六一四年，方廣寺梵鐘也完成了，不過這鐘卻成了豐臣家滅亡的導火線，也就是「方廣寺鐘銘事件」。

京都大佛歷經三次重建（共四代），最後在一九七三年毀於火災，從此未再重建，成為絕響，但是四百多年前，因應京都大佛而誕生的洛東名物「大佛餅」卻還存在，甘春堂強調現在的大佛餅與當年的大佛餅製作方式一模一樣，都是選擇良質糯米，由專業的職人以石臼搗米製作外皮，裡面包裹紅豆餡，最後再以烙鐵在表面燙上「京大佛」字樣就完成了。

現在的大佛殿遺跡已經成了公園，如今也只能坐在公園內享用大佛餅，遙想那尊曾經勝過奈良大佛，但歷劫重重的京都大佛了。

大佛餅

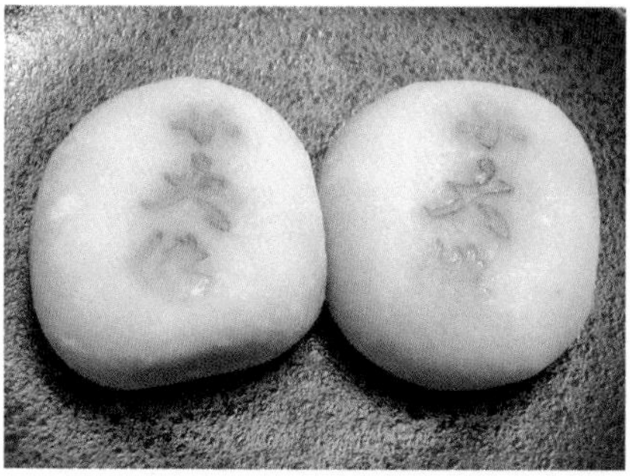

地址　京都市東山区大和大路通正面下る茶屋町511—1
交通　京都市巴士「博物館三十三間堂前」下車，步行約5分鐘
開放時間　09:00-18:00
休日　元旦
網址　http://www.kanshundo.co.jp/main.htm
周邊景點　三十三間堂、豐國神社、智積院

# 松樂

## 蓬餅「奧嵯峨」

鎮守京都西方的松尾大社也是日本釀酒業的守護神，「松樂」作為松尾大社的門前菓子店，其產品自然與酒類有關，如「大社酒饅頭」、「酒煎餅」等等，另外多彩的「京御萩」也極為知名，但松樂的蓬餅「奧嵯峨」絕對是值得品嘗的甜點。

奧嵯峨是「京都吟味百撰」認定的京菓子之一，僅採用青森縣產的艾草嫩芽配合上京都產的糯米粉，再以松尾大社「龜之井」*1名水充分揉合做成柔軟的麻糬皮，內餡則是北海道產的紅豆粒餡，餅皮對折做成可以一口食用的大小，最後撒上黃豆粉奧嵯峨就完成了。菓子綠色的表皮如奧嵯峨地區蒼翠的山巒，柔軟的口感就像腳踏青苔的觸感，不得不說這名字取的名實相符。

蓬餅「奧嵯峨」

| | |
|---|---|
| 地址 | 京都市西京区嵐山宮ノ前町45 |
| 交通 | 阪急電車「松尾大社」下車，步行約2分鐘 |
| 開放時間 | 09:00-18:00 |
| 休日 | 週三 |
| 網址 | http://kyoto-shoraku.com/ |
| 周邊景點 | 松尾大社、月讀神社、鈴蟲寺 |

1 松尾大社的「龜之井」亦被視為靈泉，據說釀造時只要加入「龜之井」的水，酒就不會腐壞。

# 鶴屋吉信

## 柚餅

創業於一八〇三年，鶴屋吉信可算是京都發源的知名京菓子老舖，致力於展現京菓子在形、色、聲、香、味「五感」的風雅，以求讓食客可以真正感受古都的食文化。

鶴屋吉信的眾多產品中，明治年間才誕生的「新」產品「柚餅」絕對稱得上是洗鍊之作，將柚子的清爽與甘甜的求肥揉合做成大拇指大小，最後撒上日本產的和三盆糖，外表看起來簡單但風味絕佳，撲鼻而來的柚香略帶嚼勁，讓人愛不釋手，一顆接著一顆，一不小心就會失了「風雅」的姿態啊！出生京都的文人畫家富岡鐵齋特別喜愛柚餅，現在掛在鶴屋吉信本店的「京名物柚餅」大招牌，以及柚餅包裝上的「益精養氣」水墨畫，都是出自富岡鐵齋的手筆。

本店二樓的「菓遊茶屋」，除了可以品嘗該店的和菓子和甜品外，還可以欣賞師傅現場示範生菓子製作，視覺和味覺一併滿足。鶴屋吉信雖是老舖，但卻不忘與時俱進，近年推出藍莓口味的藍莓麻糬（ブルーベリー餅），以製作果醬的藍莓和求肥搭配出和洋一體的新風味，新潮的包裝近年也大受歡迎。

另外，鶴屋吉信在京都車站開設了新潮的店舖「IRODORI」，此處販售的限定商品「琥珀糖」，突破傳統大膽推出茉莉花、薰衣草等洋風口味，外脆內軟的口感是女性間的大人氣商品。

柚餅

| | |
|---|---|
| 地址 | 京都市上京区今出川通堀川西入る |
| 交通 | 京都市巴士「堀川今出川」下車，步行約1分鐘 |
| 開放時間 | 09:00-18:00 |
| 休日 | 週三 |
| 網址 | http://www.turuya.co.jp/ |
| 周邊景點 | 晴明神社、白峯神宮 |

## 總本家稲荷屋

### 狐狸煎餅

如果說到伏見稲荷大社相關的食物，一般人都會聯想到稲荷壽司或是烤麻雀（或鵪鶉）。其實位於參道的「總本家稲荷屋」（総本家 いなりや）販售的狐狸煎餅（きつね煎餅）也是個不錯的小點心。

原本在岐阜市製作煎餅的第一代老闆，因為來到伏見稲荷大社參拜，醉心於稲荷山之美，以及參拜客帶來的熱鬧氣氛，所以就在現在地開店販售煎餅。由於當時大社附近並沒有代表性的「名物」，於是用京都產的白味增取代岐阜的紅味增，作成現在大家所看到的狐狸煎餅。

充分混合白味增、芝麻、砂糖和麵粉，然後一枚一枚的用鐵器手工燒烤成狐狸面具形狀，酥脆的煎餅越嚼越能顯現白味增的甜味和芝麻香味，作為伴手禮也不錯。另外，在店內販售的幸運餅乾「辻占*1煎餅」也挺有意思的，有興趣的人可以買一包試試手氣。

## 狐狸煎餅

地址　京都市伏見区深草開土町2

交通　JR「稻荷」或京都市巴士「稻荷大社前」下車，步行約3分鐘

開放時間　08:30-17:30

休日　週四

網址　http://www.inariya-kyoto.com/

周邊景點　伏見稻荷大社、荒木神社、產場稻荷、眼力社

1　辻占，占卜的一種，在《萬葉集》就有紀載，站在十字路口聽取偶爾過路人所說的話做為神明的指示，類似的有在橋上聽過橋人的話的「橋占」，位在京都的一条戻橋（不是晴明神社那座）就是「橋占」名所。「辻占煎餅」則是江戶時期的產物。

# みなとや幽霊子育飴本舗

MI NA TO YA

幽靈子育飴

相傳一五九九年，京都有個江村氏的老婆過世，下葬七天卻一直聽到嬰兒的哭聲從土中傳來，後來掘開墳墓發現已經斷氣的女人竟然生了個小孩！此時，附近賣糖的老闆才發現那名女子就是每晚到他店裡買糖的女人，原來是這個女人的幽靈因為怕小孩飢餓，就算死了也要成為幽靈買糖哺餵，母愛真是太偉大了啊！後來這個小孩在八歲就遁入空門，日後成為高僧，活到六十八歲圓寂，當時這個幽靈拿來餵小孩的水飴就聲名大噪了！

店家的所在位置就是知名的「六道十字路」（六道の辻），是陽世與他界的交會之處，故事中死去的母親和存活的孩子並存在同一空間，還有比「六道十字路」更適合的舞台嗎？這個故事後來引申出一個俏皮話，故事中的女主角被埋在高台寺（或小孩後來在高台寺出家），因為高台寺念作コオダイジ，與「子大事」（孩子最重要）的日文發音一樣，這是冷笑話吧。

其實類似的故事在日本最少有三種版本，在宋朝中國志怪小說《夷監志》中，也有個「宣城死婦」的故事，原本是佛教用來宣導孝親的重要，只是有實際流傳下來的大概就是這個「幽靈子育飴」吧。幽靈子育飴的包裝很簡單，內容就是一包不規則形狀的麥芽糖，透著琥珀光芒的麥芽糖，滋味單純，談不上什麼美味，但這不正是母親養育兒女的心嗎？單純卻充滿著光芒啊！

幽靈子育飴

| | |
|---|---|
| 地址 | 京都市東山区松原通大和大路東入2丁目轆轤町80番地之1 |
| 交通 | 京都市巴士「清水道」下車，步行約6分鐘 |
| 開放時間 | 10:00-16:00 |
| 休日 | 週一 |
| 網址 | http://kosodateame.com/ |
| 周邊景點 | 六波羅蜜寺、惠美須神社、安井金比羅宮、六道珍皇寺 |

# 龜屋清永

## 清淨歡喜團

說到和菓子就不得不提一下龜屋清永的「清淨歡喜團」，相傳是在奈良時代由遣唐使帶回的唐菓子*1之一（團喜），據說是日本和菓子的起源，算一算也有千年歷史了。因為香料、麻油和砂糖在當時都很珍貴，所以「清淨歡喜團」原是給天台宗、真言宗等密教的高貴供品，如今尋常百姓也有機會品嘗了。

清淨歡喜團的造型和餡料都很奇特，外皮最上方的八個捲瓣象徵蓮花，下面則是象徵納福的金袋，內容物則是用白檀、桂皮等七種香料與紅豆餡混合，最後用麻油炸二十分鐘，直到外皮酥脆即完成，現在也只有龜屋清永會製作這樣的菓子。

清淨歡喜團的外皮因為經過長時間油炸而有點硬度，牙齒不好的人食用時要稍加注意，內餡具有香料獨特的氣味，其色、香、味都很獨特，與一般和菓子很不同，對當代人來說新奇程度大概高於美味程度，品嘗時心想或許這就是歷史的味道吧。話說在ＮＨＫ大河劇「平清盛」、「真田丸」都有出現它的身影，不愧是有歷史背景的菓子出鏡率相當高呢。

清淨歡喜團

| | |
|---|---|
| 地址 | 京都市東山区祇園石段下南 |
| 交通 | 京都市巴士「祇園」下車，步行約3分鐘 |
| 開放時間 | 08:30-17:00 |
| 休日 | 週三 |
| 網址 | http://www.kameyakiyonaga.co.jp/ |
| 周邊景點 | 八坂神社、美御前社、仲源寺、安井金比羅宮 |

1 唐菓子，在日本「倭名類聚抄」紀載共有八種唐菓子傳入日本，但製作方式在鎌倉時期末期大多失傳。

## 虎屋

### 虎屋饅頭（酒饅頭）

虎屋是發源於京都的名菓子店，現在不只在日本，連花都巴黎和馬來西亞都有他們的分店，可見其產品廣受海內外歡迎。室町時代後期成立的虎屋，獻上和菓子給後陽成天皇後，從此成為出入御所的御用商人，品質與口味可是受到皇室肯定的。

說到虎屋就會聯想到羊羹，在日本，虎屋幾乎可說是羊羹的代名詞，不過他們的和菓子也是極富盛名的，除了羊羹和和菓子外，冬季限定（十一月～隔年三月中）的「虎屋饅頭」實在是不可錯過的一品。

相傳「虎屋饅頭」是鎌倉時期由聖一國師（東福寺的開山者）從中國引進的，饅頭的麵皮採用釀造日本酒的酒種與糯米製成，外表光滑圓潤，散發微微光亮，食用前必需先蒸熱，從加溫階段就是享受的開始，過程中鍋中的熱氣會緩緩帶出酒香，蒸好後一手撕開，酒香更是撲鼻而來，酥鬆的外皮加上甜而不膩的內餡，好吃的讓人忘記燙手的感覺，蒸好後請立刻吃完，否則麵皮會硬掉喔，既然叫做酒饅頭自然含有酒精，不過不到1%，相信一般人都可以開心服用。

從一条店往內稍走一些就是虎屋直營的茶店「虎屋菓寮」，是品嘗虎屋當季和菓子的好地方。

酒饅頭

| | |
|---|---|
| 地址 | 京都市上京区烏丸通一条角広橋殿町415（一条店） |
| 交通 | 京都市營地下鐵「今出川」下車，步行約5分鐘 |
| 開放時間 | 09:00-19:00（假日18:00） |
| 休日 | 週一 |
| 網址 | https://www.toraya-group.co.jp/ |
| 周邊景點 | 京都御所、護王神社、菅原院天滿宮 |

# 本家尾張屋

## 蕎麥餅

創業於一四六五年的本家尾張屋，至今已有五百多年歷史，絕對是老舖中的老舖。本家尾張屋原本是菓子屋，元祿年間才開始販售蕎麥麵，後來成了「御用蕎麥司」專供宮內食用，時至今日蕎麥麵倒是搶了菓子的鋒頭。

既然菓子屋才是源頭，當然要品嘗其代表銘菓「蕎麥餅」（そば餅），蕎麥餅雖說是餅，但卻不是一般的「餅」（麻糬），蕎麥餅的餅皮是用北海道產蕎麥粉、小麥粉、雞蛋、砂糖製作，包裹著北海道紅豆餡，放入烤箱燒烤，屬於烤饅頭的一種，和餅的印象完全不同，這個蕎麥餅可算是日本採用蕎麥粉製作點心的先行者。

打開包裝後，散發著淡淡的蕎麥焦香，外表烤成深褐色，上面有些芝麻，內餡包著微甜的紅豆餡，放入口中嚼著嚼著，越嚼越能感受蕎麥的滋味，這樣的甜點多吃幾個也沒問題，據說這個蕎麥餅一天可以賣上兩千五百個，是相當受歡迎的產品。當你來到本家尾張屋品嘗蕎麥麵時，別忘了帶個蕎麥餅作為點心，滿足一下第二個胃！

蕎麥餅

| | |
|---|---|
| 地址 | 京都市中京区車屋町通二条下る（本店） |
| 交通 | 京都市營地下鐵「烏丸御池」下車，步行約5分鐘 |
| 開放時間 | 11:00-19:00（菓子販售 09:00~） |
| 休日 | 1／1、1／2 |
| 網址 | https://honke-owariya.co.jp/ |
| 周邊景點 | 護王神社、白山神社、御金神社、菅原院天滿宮、京都御所 |

# 濱長本店

## 豆漿布丁

創業於天保年間的濱長本店，原本是提供宮內廳昆布的業者，現在則是專門製作蒟蒻與心太（ところてん，寒天的一種）的店家。雖然是間百年老店，但對於推陳出新、開發新商品卻不遺餘力，像是別出心裁的吟釀酒心太、石榴心太、抹茶心太、咖啡心太等都令人驚豔。也因為堅持不添加合成色素與防腐劑，且水分極高，因此濱長的產品保存期間都很短。

雖然產品多樣化又奇特，喜不喜歡見仁見智，但「豆漿布丁」卻是濱長的不敗商品，採用排隊名店「豊受屋山本」（とようけ屋山本）的純豆漿，整個布丁中，豆漿占了五十五%，豆香滿溢，用以佐味的黑糖蜜也很講究，使用同為百年老店「林孝太郎造酢」生產的沖繩波照間黑糖蜜，天然素材讓顧客吃得開心又健康。

布丁放入盤中，搖搖晃晃散發白皙光澤，淋上香濃的黑蜜後即可食用，綿密柔軟的口感，濃厚的豆漿香味在口中散發開來，夏天能吃上這樣的甜點，堪稱人生至福啊！

豆漿布丁

地址　京都市上京区千本通中立売下る仲御霊町70

交通　京都市巴士「千本中立売」下車，步行約1分鐘

開放時間　10:00-18:00

休日　週日、假日

網址　http://www.hamacyo.co.jp/

周邊景點　石像寺、千本釋迦堂、祐正寺

# 本田味噌本店

## 一碗味噌湯

說到日本的傳統食物，味噌湯絕對佔有重要的地位。本田味噌本店創業於一八三〇年，當時的老闆是丹波地區的釀酒師「丹波屋茂助」（本田味噌的商標「丹」字由來），因其造麴技術極佳，後來成為提供宮中味噌的釀造者，明治維新後，政權移至江戶「東京」，對應於東京京都就是「西之京」，因而將自家的白味噌稱作「西京味噌」，成為京都地區極具代表性的調味料。京都有許多料理和菓子中，都會看到淡黃色的西京味噌身影，足見其在京都飲食界扮演著不可或缺的角色。

一碗味噌湯是本田味噌的人氣商品，目前共有豆腐、豆皮、滑菇、紅麴等四種口味。食用時，微壓破圓餅狀的麩，稍然後注入一六〇ＣＣ的熱水，隨著餡料逐漸融出即可飲用，不用大費周章就能喝到老舖美味的味噌湯，實在是太方便了！

攜帶方便又美味的「一碗味噌湯」

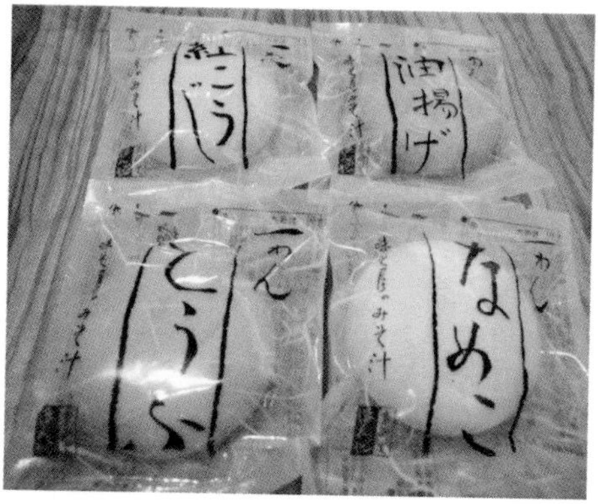


地址　京都市上京区室町通一条上ル小島町558

交通　京都市營地下鐵「今出川」下車，步行約6分鐘

開放時間　10:00-18:00

休日　週日

網址　http://www.honda-miso.co.jp/

周邊景點　京都御所、護王神社、菅原院天滿宮

# 附錄

## 京都年度行事曆（僅紀載本書有介紹的寺社）

| 月份 | 日期 | 活動 | 地點 |
|---|---|---|---|
| 一月 | 1/1—1/3 | 皇服茶 | 六波羅蜜寺 |
| | 1/1—1/3 | 若水祭 | 日向大神宮 |
| | 1/1—1/15 | 初參拜五福巡禮 | 長建寺 |
| | 1/4 | 初蹴鞠 | 下鴨神社 |
| | 1/7 | 若菜祭 | 西院春日神社 |
| | 1/8—1/12 | 十日惠美須 | 惠美須神社 |
| | 1/8—1/14 | 後七日御修法 | 東寺 |
| | 1/12—1/18之週日 | 楊枝加持 | 三十三間堂 |
| | 1/16 | 武射神事 | 上賀茂神社 |
| | 1/16 | 御弓始神事 | 藤森神社 |
| | 1月中 | 大的大會 | 三十三間堂 |

| | | | |
|---|---|---|---|
| | 1/20 | 湯立神樂 | 城南宮 |
| | 1/28 | 初不動（癌封印） | 狸谷山不動院 |
| 二月 | 2/3 | 節分祭 | 八坂神社、平安神宮等 |
| | 2/3 | 節分星祭 | 晴明神社 |
| | 2月上 | 女人除厄祭 | 市比賣神社 |
| | 2/11 | 甘酒祭 | 梅宮大社 |
| | 2/25 | 梅花祭 | 北野天滿宮 |
| 三月 | 3/3 | 雛祭（女兒節） | 市比賣神社、下鴨神社等 |
| | 3/3 | 春桃會 | 三十三間堂 |
| | 3/9 | 乞雨祭 | 貴船神社 |
| | 最後週日 | 唐棣舞（はねず踊り） | 隨心院 |
| 四月 | 4/14 | 春季例大祭 | 白峯神宮 |

| | | | |
|---|---|---|---|
| | 第二週日 | 夜須礼（やすらい祭） | 今宮神社 |
| | 第二週日 | 賀茂曲水宴 | 上賀茂神社 |
| | 4／29 | 曲水之宴 | 城南宮 |
| 五月 | 5／1—5／5 | 藤森祭（駈馬神事） | 藤森神社 |
| | 5／3 | 流鏑馬神事 | 下鴨神社 |
| | 5／4 | 石清水燈燎華 | 石清水八幡宮 |
| | 5／5 | 今宮祭（神幸祭） | 今宮神社 |
| | 5／5 | 泰山府君祭 | 赤山禪院 |
| | 5／15 | 葵祭 | 京都御所、下鴨神社、上賀茂神社 |
| | 第三週日 | 三船祭 | 車折神社 |
| 六月 | 6／1 | 貴船祭 | 貴船神社 |
| | 6／1—6／2 | 京都薪能 | 平安神宮 |
| | 6月底 | 夏越大祓 | 八坂神社等 |

## 七月

| | | |
|---|---|---|
| 7／1—7／31 | 祇園祭 | 八坂神社 |
| 7／1—8／15 | 七夕燈會 | 貴船神社 |
| 7／7 | 戀愛成就七夕祭 | 地主神社 |
| 7／7 | 貴船水祭 | 貴船神社 |
| 7／7 | 精大明神例祭 | 白峯神宮 |
| 7月中 | 宵宮祭・本宮祭 | 伏見稲荷大社 |
| 7／20 | 御涼神樂（お涼み神楽） | 城南宮 |
| 7／28 | 渡火祭 | 狸谷山不動院 |
| 第四週日 | 弁天祭 | 長建寺 |
| 7月底 | 御手洗祭 | 下鴨神社 |

## 八月

| | | |
|---|---|---|
| 8／8—8／12，8／16 | 六道參拜 | 千本釋迦堂 |
| 8／14—8／16 | 萬燈祭 | 車折神社 |

| | | | |
|---|---|---|---|
| | 8/16 | 五山送火 | |
| | 8/16 | 恭送之鐘（送り鐘） | 矢田寺 |
| | 立秋前日 | 矢取神事 | 下鴨神社 |
| 九月 | 9/9 | 重陽神事、烏相撲 | 上賀茂神社 |
| | 9/9 | 重陽祭 | 車折神社 |
| | 9/14－9/16 | 放生會 | 三宅八幡宮 |
| | 9/15 | 石清水祭 | 石清水八幡宮 |
| | 9月第四週日 | 櫛祭 | 安井金比羅宮 |
| | 秋分 | 晴明祭 | 晴明神社 |
| 十月 | 10/1－第二週一 | 秋季金比羅大祭 | 安井金比羅宮 |
| | 第二週六、日 | 春日祭 | 西院春日神社 |
| | 第三週日 | 齋宮行列 | 野宮神社 |
| | 第三週日 | 城南祭 | 城南宮 |

| | | | |
|---|---|---|---|
| | 10/20 | 二十日惠美須大祭 | 惠美須神社 |
| | 10/22 | 時代祭 | 京都御所、平安神宮 |
| | 10/26 | 大放生祭 | 三嶋神社 |
| 十一月 | 11/1 | 亥子祭 | 護王神社 |
| | 11月上—12月上 | 小町祭 | 隨心院 |
| | 11月上 | 三疳封 | 劍神社 |
| | 11/23 | 珠數供養、紅葉祭 | 赤山禪院 |
| 十二月 | 12/23 | 南瓜供養 | 矢田寺 |
| | 12/31 | 除夜之鐘 | 知恩寺等 |
| | 12/31 | 白朮詣 | 八坂神社 |

# 崇拜京都

秒懂！千年古都背後的神祇文化、歷史與民俗行事

作者——三線
責任編輯——簡怡仁
書籍設計——梁瀚云
行銷企劃——辛政遠
行銷企劃——楊惠潔
總編輯——姚蜀芸
副社長——黃錫鉉
總經理——吳濱伶
執行長——何飛鵬

國家圖書館出版品預行編目（CIP）資料

崇拜京都：秒懂！千年古都背後的神祇文化、歷史與民俗行事／三線著．-- 初版．-- 臺北市：創意市集出版：家庭傳媒城邦分公司發行，2017.06
面；　公分
ISBN 978-986-94627-7-8(平裝)
1. 神社 2. 日本京都市
731.752184　　106008370

出版—創意市集 Published By Cite Publishing Limited
發行—英屬蓋曼群島商家庭傳媒股份有限公司城邦分公司
Distributed by Home Media Group Limited Cite Branch
地址—104 台北市民生東路二段一四一號七樓
7F No. 141 Sec. 2 Minsheng E. Rd. Taipei 104 Taiwan
電話—+886(02)2518-1133．營業時間 09:00～20:30
傳真—+886(02)2500-1902
Email—photo@cph.com.tw
讀者服務專線—0800-020-299．周一至周五 9:30～12:00．13:30～17:00
讀者服務傳真—(02)2517-0999．(02)2517-9666
城邦書店—104 台北市民生東路二段一四一號一樓
電話 (02)2500-1919．營業時間 09:00～20:30
ISBN——978-986-94627-7-8（平裝）
版次——2022年12月初版7刷
定價——新台幣360元 港幣120元
製版／印刷——凱林彩印股份有限公司